敏感情绪管理法

芊涵 —— 著

北京时代华文书局

图书在版编目(CIP)数据

敏感情绪管理法 / 芊涵著. --北京:北京时代华文书局, 2021.5
ISBN 978-7-5699-4171-5

Ⅰ.①敏… Ⅱ.①芊… Ⅲ.①情绪-自我控制-通俗读物 Ⅳ.①B842.6-49

中国版本图书馆 CIP 数据核字 (2021) 第 091448 号

敏感情绪管理法
Mingan Qingxu Guanlifa

著　　者｜芊　涵

出 版 人｜陈　涛
项目统筹｜石冠哲
责任编辑｜石冠哲
装帧设计｜天下书装
责任印制｜訾　敬

出版发行｜北京时代华文书局 http://www.bjsdsj.com.cn
　　　　　北京市东城区安定门外大街 138 号皇城国际大厦 A 座 8 楼
　　　　　邮编：100011　电话：010-64267955　64267677

印　　刷｜三河市天润建兴印务有限公司　13603367195
　　　　　（如发现印装质量问题，请与印刷厂联系调换）

开　　本｜880mm×1230mm　1/32　印　张｜6.75　字　数｜155 千字
版　　次｜2021 年 10 月第 1 版　　印　次｜2021 年 10 月第 1 次印刷
书　　号｜ISBN 978-7-5699-4171-5
定　　价｜48.00 元

版权所有，侵权必究

Preface 前言

你是一个过分敏感的人吗?

他人的一句话,一个眼神,一个手势,甚至一条朋友圈,都可能让你心神不宁,严重的时候还会纠结一整天,凡事总往坏处想,最后因为自己臆想出来的所谓"结果与真相",弄得自己心情低落,有时候你想把这种感觉告诉朋友,却又害怕被人讥笑为"玻璃心",生怕一旦被人得知你的想法后,会疏远你,不喜欢你……

如果以上几条你都多少沾边,那么,你的确有"高敏感"的嫌疑。

但是无须惊慌,凡事都有两面性,高敏感有时候也是一种天赋。心理学认为,敏感跟任何一种特质一样,都得用两分法去看待,并不存在完全的好,也没有绝对的差,关键在于你怎么发挥天赋,扬长避短,让它变成一种优势。

首先,高敏感的人往往都很善于检讨自己,总是想着自己是不是存在什么过失。而自省这一良好品质,并不是谁都能拥有;其次,高敏感的人往往心细,能及时捕捉到一些其他人忽略的细节,俗话说"细节决定成败",如果能把这个留意细节的优势发扬光大,对工作、学习和生活都不无裨益。

当然,你要"恰到好处"地保留这些"高敏感"的特质,而

敏感情绪管理法
MINGAN QINGXU GUANLIFA

对于"过分敏感"给你的生活带来的困扰和痛苦,还是需要用心理学的一些知识辅助,加上自我调整,让自己活得更洒脱。

一是不要以点代面,要学会全面地、辩证地看待人和处理事。不要靠主观想象下定论,对已发生或即将发生的事情做到不主观臆断,多想别人的好处,多看别人的长处,进行积极地自我暗示。

二是提高自己的心理素质,对别人的一些小疏忽、小缺点,不要牢牢抓着不放,积极一点,宽容一点,学会放下过去。

三是学会提升自己的安全感,举个例子,一个不那么敏感的人,在聊天中发现对方情绪不好,会想"他是不是有什么事情?"而一个高敏感的人就会想"我是不是说错话得罪了他",这就是没有安全感的表现。

高敏感的人,往往喜欢掌控事情的局面,他们喜欢确定性的东西,生活中不确定与失控会让他们感觉到不安全,所以在这种情绪中,他们会经常感受到自己无能为力,于是变得不快乐。

所以,高敏感的人,想要真正变得幸福,就要学会真正的顺其自然,回归自己的内心,找到自我成长的节奏,放弃对生活的掌控感。本书为"玻璃心"患者开出了一剂良药,让你了解自己是不是个高敏感的人,以及教你如何恰到好处地保留一些高敏感特质,能在瞬息万变的社会中抢占先机。

Contents 目录

第一章 在麻木的世界里，高敏感地活　　/1

为什么我们越来越愿意宅在家里，越来越不爱说话？

过分地小心翼翼被大家吐槽太敏感、玻璃心，难道真的只是我们想太多吗？

是未雨绸缪，还是杞人忧天？　　/2
别和自己过不去　　/4
有些地方"马虎"一点　　/8
不要给心中那些计较的魔鬼机会　　/10
争论是世界上最大的空耗　　/12
不必追求每个人的满意　　/15

第二章 停止内耗，做一个适度的"妥协主义"者　　/21

高敏感度的人更容易和自己斗争，因此心累，需要做的第一步是停止内耗，找到适合自己的方式，做个适度的"妥协主义"者。

与其相互伤害，不如送他一轮明月 /22

管不住别人的嘴，但可以管住自己的心 /25

勇敢承认自己的不完美 /28

你没有成功，和你不是"富二代"没关系 /31

你抱怨的不是选择，而是选择错了 /32

怎么走都觉得不对的时候，试试走心 /36

第三章 心灵疗愈的关键是爱自己 /41

想要说服别人，首先要能够说服自己；想要热爱世界，首先要学会如何去爱自己。想要感动世界，首先要感动自己。

自卑没什么，因为你可以补偿 /42

忠于什么都不如忠于自己重要 /46

给自己发个奖杯 /50

认识一位精通世故的长辈，请他做顾问 /54

勇敢的灵魂最美丽 /57

请享受这无法回避的痛苦 /59

负面思考是给自己找麻烦 /61

第四章 根本不必敏感，该求人时就求人 /65

高敏感的人，在求助前总是很纠结，一怕给别人添麻烦，二怕被别人拒绝，丢了面子。其实你的内心完全不必这么脆弱，大部分人都很乐于顺手帮忙的，如果真的很让对方为难，被拒绝了也没关系，最多自己来动手。

目 录

　　无须患得患失，该求助时就求助　　/66

　　遇到难处时要会求人，不用"不好意思"　　/70

　　如果被拒绝，先检讨下自己　　/74

　　想办法成为"自己人"　　/78

　　"厚着脸皮"有时很管用　　/83

　　遵守"投之以桃，报之以李"的交际原则　　/87

第五章　正确地表达情绪，控制内心的灾难小剧场　/89

英国权威心理学家柯利切尔认为：积贮的烦闷忧郁就像一种势能，若不释放出来，就会像定时炸弹一样，埋伏在心间，一旦触发就会酿成大祸。若及时加以发泄或倾诉，便可少生病，保健康。

　　将压抑"说"出体外　　/90

　　如果需要就哭出来　　/92

　　借助想象转移注意力　　/95

　　想好事，好事才会降临　　/97

　　减少猜疑，才能远离祸患　　/99

　　很多负面情绪都源自我们的"童年阴影"　　/102

第六章　高敏感族的断舍离　/111

很多敏感的人，起初叫喊着不将就，到后来却摆手说"算了算了"，继续过窝囊的、卑微的人生而不敢拒绝，因为他们觉得拒绝的成本太高。

不委屈自己，也不伤害别人　/112
你是不是经常讨好他人？　/115
成就感和尊严，给你拒绝的快乐　/117
不答应无法兑现的事　/120
"口是心非"只会让你很廉价　/123
借钱要三思，宁可"先小人后君子"　/126
肢体语言也可以说"不"　/131

第七章　学会果断，停止纠结　/135

高敏感的人无论遇到什么问题，都会想到无数可能，也会纠结无数可能，犹豫不决。

此时，应该要学会果断，停止纠结。

优柔寡断是人生最大的难题　/136
别想太多，敲门就进去　/139
拖延是对生命的挥霍　/143
成长，就是一场冒险的旅程　/146
你需要的不是别人的意见，而是自己的信任　/149
明天的自己比今天更优秀　/154

第八章　敏感不是缺陷——与过去和解，与自己和解　/157

高敏感的人，要善于跟自己和解，特别需要注意的是，如果遇到必须妥协的事情，请不要继续坚持。

目 录

放下执念,学会变通　/158
有些事情必须"半途而废"　/160
有时"执着"只是一种固执　/162
为自己活,而不是活给别人看　/164
世上本无事,庸人自扰之　/167
见好就收,顺其自然　/169
心若虚空,便能包容万有　/172

第九章 与其过度思考未来,不如努力做好当下　/179

　　活在当下是一种全身心地投入人生的生活方式。当你活在当下,而没有"过去"拖在你后面,也没有"未来"拉着你往前时,你全部的能量都集中在这一时刻,生命因此具有一种强烈的张力。

别将思想过度耗费在遥远的未来　/180
真正爱自己,相信自己　/184
坦白说出你的"玻璃心"　/187
一切都是最好的安排　/190
无论遇到什么境况,都让心安定下来　/193
多为他人着想,心就多一点空间　/197
原谅自己,逃出"心狱"的监禁　/201

第一章

在麻木的世界里,高敏感地活

　　为什么我们越来越愿意宅在家里,越来越不爱说话?
　　过分地小心翼翼被大家吐槽太敏感、玻璃心,难道真的只是我们想太多吗?

是未雨绸缪，还是杞人忧天？

　　总是有人指责现代人过于浮躁，这固然是因为现代人背负着各种压力，但是我们不能因为生活的烦恼，就忽略掉生活的乐趣。大千世界，原本诱惑就特别多，若总是羡慕旁人的成功，奢望过多，却又没有能力承担，难免心生执念，无法平静。其实，我们要接受自己是普通人的事实，我们并不是什么珍珠璞玉，我们要接受自己的平凡，不要思虑太多与自己无关的东西，方能获得快乐。

　　有个朋友去看心理医生，他说他总是控制不了自己的焦虑，心慌，冒汗，去检查身体，也没有任何问题。
　　但他仍然无法睡觉，整夜整夜地失眠。
　　他问心理医生："我睡不了觉怎么办？"
　　心理医生说："睡不着的时候就不要睡觉。"
　　朋友有些不解，还有些生气："人怎么可以不睡觉！"
　　心理医生说："人肯定不能不睡觉，可是你若思虑太多，思前想后，自然辗转难眠，即使睡着了也会噩梦缠身，不如不睡。你睡觉就好好睡觉，吃饭就好好吃饭。古人说，饥来吃饭，困来即眠，虽然我们大多数人都做不到，但总要学会放松，看看书，听听音乐，看看电影，困了直接去睡就好。"

第一章

在麻木的世界里，高敏感地活

朋友回去之后，不再想那么多，睡眠果然好了很多。

的确，我们的焦虑大部分都来自我们想得太多，我们太在意一些与我们无关的事情，也总把自己拖到与自己无关的事情中。

我有个小表妹，特别爱笑，看见谁都笑，嘴巴还特别甜，大家都很喜欢她。可是，等她上班以后，笑容越来越少。有一次，她在我们几个表兄妹的群里吐槽，说她们单位的大姐们总爱议论她，说她整天就爱买买买，每次她在朋友圈里发个美食，那些大姐们都会在第二天问她是不是跟男友约会了。

小表妹特别心烦，她已经解释过很多次自己没有男朋友，可是那些大姐们总是一副不相信的表情。而且，小表妹总能听到各种各样关于她的闲言碎语，这让小表妹特别苦恼。小表妹说，她都不愿意见人了。

我正在思索怎么安慰小表妹的时候，表哥在群里说道："不是别人在背后说闲话议论你，是你自己爱管闲事。"

小表妹不服气："我哪有管闲事，明明是她们多管闲事。"

表哥又说："她们多管她们的闲事跟你有什么关系？她们说她们的，和你有什么关系呢？你总是想着别人议论你，你这不就是管别人闲事嘛？你不要管别人说什么，做好你自己。你说她们总是背后议论你，可是现在的你，不是和她们一样吗？"

小表妹这才恍然大悟，从此不再在意这些，笑容又回到了她的脸上。

我们无法阻止别人的闲言碎语,但是我们可以选择无视,更要懂得豁达,只有如此,我们的生活才会轻松自在。我们大多数的烦恼,都来自别人的干扰,我们不能拿别人的错误惩罚自己。当然,如果犯了错误,我们也要勇于面对。心理学家告诉我们,一个人面对错误的态度,能够体现一个人的真实性格。当一个人被别人指出错误后马上翻脸,那这样的人便不可深交,而那些听到批评,而能够承认错误,懂得反省的人才更为可贵。

别和自己过不去

生活中我们总会有各种苦恼,但我们应该知道,大部分时候,我们的苦恼来自我们的贪婪,贪婪使我们想得到更多的东西,一旦无法满足所求,我们便会感到失望与不满。于是,我们就开始自怨自艾,抱怨自己,抱怨他人,抱怨生活,跟自己较劲,跟自己过不去。

世界上大多数人因为生活的艰难而抱怨生活,却有极少一部分人,能够活得很开心,究其原因,并不是因为生存环境,而是心态问题。农夫在山林发愁天旱,商人在城市忧虑生意,即使换个环境,农夫仍然发愁天旱,商人依旧忧虑生意。

人生在世,难免要忍受别人的为难,如果自己也要为难自

第一章

在麻木的世界里，高敏感地活

己，岂不更加寸步难行？

何况，很多时候，我们的烦恼只是自己给自己设置的障碍而已。

曾经有位心理学家做过一个特别有意思的实验：他做了一个大箱子，让他的学生把未来一周所担忧的问题写下来，然后投入箱子中。十天后，他喊上他的学生，一起打开这个箱子，让学生们找出自己的纸条。这时候，学生们发现，一周前自己所担心的问题只有百分之十真正发生了，剩下的百分之九十都是庸人自扰。

于是，他又让学生把那些已经发生的问题重新投入箱中，等到十天以后，学生们来到箱子旁边，不用打开箱子，他们也已经知道，这些问题如今已经解决了。原来，生活中的问题并没有自己想象的那么多，有百分之九十都是自寻烦恼，而剩下的百分之十，也都是可以解决的。

我们应该用正确的态度面对生活中的烦恼，面对烦恼时也不可太过紧张。

有个这样的笑话：

有个人跑去看医生。医生问他："你觉得哪里不舒服？"

他说："我也不知道。"

医生又问："那你是不是身体哪里疼？"

他说："没觉得哪里疼。"

医生又问:"那你是身体哪里有了什么变化?"

他说:"没有。"

医生有些生气,以为他是跑过来没事找事:"那你什么问题都没有,你来是想看什么病?"

他说:"我听别人说,很多癌症刚开始的时候是毫无征兆的,我现在也这样啊!"

大部分睡不着的人都在担心自己睡不着。

马克·吐温晚年时感叹道:"我的一生大多在忧虑一些从未发生过的事,没有任何行为比无中生有的忧愁更愚蠢了。"

心理学家曾说过,我们必须要接受自己的不完美,要知道,世上根本没有完美的人。凡事别跟自己过不去,这并不是说我们对自己降低要求,而是说,只有不完美的我们,才有逐渐接近完美的机会。

放过自己,更是一种心灵的释放,我们选择自己喜欢的那条路,才能够走得更远。

我们真的要学会善待自己,很多人总是跟自己过不去,这原本就是在自己伤害自己。

古希腊大学问家安提司泰尼曾经说过,他从哲学中获得了同自己谈话的能力,正是这种能力的获得,人的思想和情感才有了往高尚和纯粹境界提升的可能。

我们和别人谈话,获知别人的内心感受,但我们总是忽略自己。和自己交流,可以发现真正的自我,更真实的那个自己。

法国大文豪雨果曾经说过:"人生是由一连串无聊的符号组

第一章

在麻木的世界里，高敏感地活

成的。"是的，我们大部分的时光，都是很普通很无趣的，我们的一天，是在繁忙却又无聊的工作中度过，我们要用同样的说辞，去打无数个电话，我们要接受同一个问题被问很多遍。有时想换个不同口味的午餐，可是想到要走半个多小时的路，最后决定还是继续吃着每天相同的午餐外卖。下班以后约好的逛街，不是被临时加班打乱，就是结束一天忙碌的工作只想赶快回家。

我们的周末，也没有多么精彩，我们说远离城市亲近大自然，跑到山林时发现，看见的仍然是和我们同样面孔的人。在这里，我们仍然无法放松自己，包围我们的，仍然是人群中的嘈杂。我们突然发现，生活变得那么漫长。

我们有点情绪时想要和朋友谈谈，可是又说不清楚自己的迷惘，更无法使对方感同身受，他们不疼不痒的劝慰，让我们觉得更加疲惫。于是我们期盼着，能有人真的懂自己的迷惘，可"欲将心事付瑶琴，知音少，弦断有谁听"？

其实，最好的知音不就是我们自己吗？只有自己，还未开口，便能知晓我们内心深处的想法。也只有自己，才是最值得信任的人。我们可以在阳光下和自己交谈，问一问自己，到底如何才能快乐，想要的到底是什么，有什么愿望。在夜深人静的时候，听一听自己的委屈，安慰难过的自己，帮助自己弥补那些遗憾。

这样，在自己的世界里，一点点地了解自己，安慰自己。要明白，自己才是自己的全世界。当你学会了爱自己，才能够热爱这个世界。

有些地方"马虎"一点

人们常说,难得糊涂。活得太明白了,不仅徒增烦恼,还会错失很多。

每当我苦恼的时候,总会想起电影《天下无贼》里的傻根,傻根多傻,在那个年代,他相信狼不会害他,人更不会害他,他相信天下无贼。可是在他的周围出现了好几个贼,还都是惯偷。

偏偏实心眼的傻根遇到了想要赎罪的王丽,如果说刚开始王丽对他好单纯就是想要回头是岸,那么后来,就是真的不忍心让傻根知道钱丢失的真相。

影片有一幕让我特别感动。傻根献完血后躺在卧铺上睡觉,在他醒来之前,他的六万块钱一分不少地放在他的身边,他永远不知道,他的身边有贼,更不知道有人为了让他相信天下无贼,守护他的天真,不惜付出生命。付出生命的只是一个过路的人,严格来说,是一个过路的贼。

傻根真的傻吗?真傻。

他还可以永远这么傻下去,正是因为他能够一直相信别人,才会让别人那么努力地为他付出一切,使他能够永远相信别人。

第一章

在麻木的世界里,高敏感地活

俗话说:"人非圣贤,孰能无过。"人与人之间想要和谐相处,就一定要相互谅解,相互宽容。很多事情没有必要过于较真,要学会求大同存小异,有度量。有时,难得糊涂,也不失为一种洒脱的人生态度。但是,真正做到不较真、不计较,也并非一件易事,这需要人们拥有良好的品德修养,在遇到事情的时候能够设身处地地站在对方的立场上去考虑问题,多一些体谅,多一些宽容,人们的生活才会更加美好、融洽。

有一个病房,同时住下了两名重症患者,一位是医生,另一位是农民。根据专家诊断,两个人的病情熬不过半年。医生了解自己的病情,知道无法诊治,于是整天闷闷不乐,食不下咽,两个多月就去世了。而那位农民,压根不知道自己什么病,还觉得在病房里躺着不自在,整天跑出去跟别人聊天,该吃吃,该喝喝。半年以后,他竟然能够出院了。

虽然医学讲究科学,但不能否认,心态的好坏,真的很关键。

在面对很多事情的时候,太明白了并不是什么好事。人生在世,人们会发现,稀里糊涂地活着并没有什么不好。难得糊涂,也不失为一种幸福。

南怀瑾先生曾经说过:"有些地方马虎一点。"这句话旨在向人们传达,凡事不要锱铢必较,否则很容易就走进"死胡同"。不论做人还是做事,都稍微"糊涂"一点,很多困扰我们很久的难题就都会迎刃而解。

不要给心中那些计较的魔鬼机会

我见过很多人,他们拥有金山般的财富,拥有他人无可企及的事业,可他们过得一点都不开心,因为在长期的计较中,他们早已忘记惊喜为何物,快乐为何物,幸福为何物了。

有个朋友,能力过人,如果她能再将心思花在自我的提升上,绝对能成为社会的栋梁之材。可惜她偏偏是个喜欢事事计较的主儿。

这位朋友每天上班都愁苦着一张脸,她计较老板安排了她太多工作,让她无法得到跟其他同事一样的睡眠;她计较与人合作完成的项目,老板夸赞别人永远多于自己;她计较自己付出了那么多,月月得到的薪酬却比别人少;她计较同事生日时总向自己收份子钱,却不记得自己的生日。她甚至常常为这样的事纠结:为什么旁边的同事有好吃的却总是不给自己?为什么大家聊天,话题的主角永远是别人?为什么明明是别人发出的奇怪声音,大家偏偏要往自己这边看?因为整日有这样的事发生,弄得她日日心情糟糕。

第一章

在麻木的世界里，高敏感地活

她还有一个最大的毛病，就是喜欢猜疑，小问题总被她放大百倍来分析。可是，她没想到，一钻牛角尖，就要"魔鬼"缠身了。比如有人开玩笑说："你女儿以后嫁给我儿子。"她便开始猜疑，以为对方诚心不让自己有儿子，是在诅咒，心里便不舒服起来。如果当时不说，以后必定会找个机会把这话还回去。比如她帮助别人，下次等到自己有事，别人一定要主动伸出援手，一旦没有，她就非常不舒服，觉得对方是个忘恩负义的家伙，以致莫名其妙就对对方横眉冷对。再比如参加友人婚礼，自己送了多少礼金，她要记得清清楚楚，一旦别人还礼太少，她就要不舒服了，最终不找个机会把本吃回来，这事定会让她念叨一辈子。

因为凡事喜欢计较，同事们都不怎么喜欢她，老板也觉得她不大气，朋友们也不怎么愿意跟她来往。而日常生活中，她那爱计较的毛病，也让自己吃了不少苦头，与人发生口角争执，或大打出手都成了稀松平常的事情。

后来我也渐渐疏远了这位朋友，因为跟她在一起真的很不轻松，她看什么都不满意，干什么都有意见。享用美食，她总能挑剔出不足，即使和她一起旅游，在美景之中，她却只关注路边商贩的食物比家里要贵多少倍。世人皆苦，如果我们不能及时行乐，人生又有什么意义呢？

可能有时候，我们确实会遇到一些让自己郁闷的人和堵心的事，你跑去与他斤斤计较，反而破坏了自己的心情，还不如忽略掉这些，去做更有意义的事情。

少计较一点，自己会很轻松。别人或许不经意间做了一件让自己很气愤的事情，你又怎么就认定他是目的不纯，居心不良？即便别人有意如此，又何必因气愤让自己失去风度？倒不如大度地一笑了之，要知道，你的宽容，其实不是宽容别人，而是宽容自己。因为我们在宽容他人的同时，也释放了自己。

我们总觉得别人的伤害是对自己的侮辱，以为不还击就是懦弱的表现。可是，冲动的背后藏着魔鬼，它会让你付出惨痛的代价。千万不要给心中那些计较的魔鬼机会，宽容大度地对待一切人和一切事吧，那才是你保护自己、捍卫自己的最佳武器。

争论是世界上最大的空耗

为什么有一些人总是喜欢争论？因为他们要表现自己的优越感，要证明自己比别人强，表现自己的博学，说白了这就是一种虚荣。一般来说，争论的目的是想给自己争面子，但是真能如此吗？

不，争论是世界上最大的空耗，即使争赢了，也不能给自己争来面子，有时甚至还会招致对方的怨恨。

你能确定你的观点和想法都是对的吗？如果不能，就不要自不量力地与人争论不休。即便你确定自己是对的，也不要用争论去让别人接受你的观点，这并不能让别人口服心服，也不

第一章
在麻木的世界里,高敏感地活

会给自己带来收获。

孔子说,己所不欲,勿施于人,所以当你的观点与别人的想法发生冲突的时候,还是先想一想争论是否有益于你的生活。

著名人际关系学者卡耐基也曾经在人际关系处理上出现过失误。有一次,他去伦敦参加宴会,有位先生高谈阔论,分享了一个故事。其中,引用了莎士比亚一句著名的话,可是,那位先生却说,那句话出自《圣经》。

卡耐基善意地提醒那位先生,说那句话是莎士比亚所说。

可是那位先生并不接受卡耐基的指正,坚持声称就是出自《圣经》,肯定不是莎士比亚所写,认为是卡耐基记错了。卡耐基不接受反驳,与那位先生辩论半天,谁都无法说服对方,最后两人只好求助卡耐基的一位研究莎士比亚著作多年的朋友。

可是卡耐基的朋友却说是卡耐基记错了,那位先生是对的,那句话并不是莎士比亚所说。

于是整场宴会,那位先生都得意扬扬,藐视卡耐基。

结束宴会之后,卡耐基生气地对朋友发火,他非常肯定,那句话就是出自莎士比亚,他觉得朋友是故意帮助那位先生,让他难堪。

他的朋友非常抱歉地告诉他,那句话的确出自莎士比亚,为《哈姆雷特》第五幕第二场。他在宴会上不愿意说明,是因为那位先生已经因为卡耐基的反驳黑了脸,这只是个幽默的玩笑而已,不是学术研究,并不需要争出来你对我错。大家都是宴会上的客人。证明了别人的错误,只无法说明什么。对方只

敏感情绪管理法
MINGAN QINGXU GUANLIFA

是想通过一个大部分人都不知道的故事来证明自己知识面比较广，而卡耐基与对方争论，也是想要证明自己比那位先生知道得多，可是又有什么意义？那位先生不需要卡耐基的意见，更不需要他的修正。

非要争论，只会让对方对卡耐基感到厌恶。没任何的意义。

是啊，跟别人的冲突对我们有害无益，能避免还是避免的好。争论与一个人的修养有关，依靠争论的方式来解决问题的人，无法拥有很高的境界。

高敏感的人，往往在与人争论时，无论争论结果是输是赢，都会因此痛苦。如果输了，自然觉得自己一无是处；即便赢了，也会因为对方的攻击怀疑自己。何况，你也永远失去了这个人的友谊。

本杰明·富兰克林曾经说过："如果您与人争论和提出异议，有时也可取胜，但这是毫无意义的胜利，因为您永远也不能争得您的对手对您的友善态度。"

你更想得到什么？不妨认真地思考一下，是想得到语言上的胜利，还是良好的人际关系？要知道，鱼和熊掌是不可兼得的。

在与别人争论的过程中，也许你的意见是正确的。但如果为改变一个人的看法，而与对方过分争论，那么，你所做的努力只是无用功。

事实上，无论你多么博学多知，你都无法通过争论去说服对方。

佛祖说，不能以仇解仇，而应以爱消恨。争论是不能把一

第一章
在麻木的世界里，高敏感地活

些事情弄清楚的，它只能靠交流、和解的愿望和理解对方的真诚心愿，只有这些，才是解决问题的最好办法。

在争论时，少说一句，做出一些让步，就能风平浪静。俗话说"退一步海阔天空"，主动退让息事宁人，以理智战胜冲动，很快就能把矛盾解决掉。当然，这种修养并不是天生的，而是后天修炼得来的。

不必追求每个人的满意

生活压力大，感到疲惫，是我们现代人的通病，很有可能与我们太过于追求完美有关。有很多老师，都愿意教导大家凡事追求完美，做人人都能喜欢的人。可是，当我们努力过之后，总会发现，无论你怎么去做，总会有人不满意。世界这么大，每个人的喜好各不相同，永远不会出现一致的声音，赞同的声音里，总会掺杂着反对的声音，我们不要非去与那些反对的声音较劲，我们更应该去倾听赞同的声音。

前段时间大火的电视节目"好声音"，打包安琪这个组合因为二次元音乐，被很多人喜欢的同时，也遭到很多人的谩骂。当时在节目中，哈林老师就对她们说："网络上会有各种各样的意见，有一些比较偏激的，你认识写这些内容的人吗？他们对你很重要吗？一点都不重要吧？你不在乎的人，你受他的影响，那就完完全全地丧失了你自己的生活方式。"

周杰伦也说:"每个人都经历过,我觉得我算是经历过最多的。其实我后来发现,一百个人里面,只有大概十个人,或者五六个人,讲一些不好的内容,你在乎他,你去回复他,那你为什么不回复这百分之九十喜欢你的人?你为什么要花时间去回复不喜欢你的人?好像喜欢你的都是应该的。所以,要去在乎喜欢你的人。"

可惜后来,大安琪因为无法忍受网友谩骂,退出组合,退出比赛。谁能想到,此时大家又不满意,说缺失了大安琪的打包安琪像缺失了灵魂一般。看看,无论你怎么做,总会有人不满。那又何必去听他们的声音呢?还是要坚持做自己。

大家会发现,高敏感的人,更容易成为讨好型人格。

我有一个高敏感的朋友,她开了一家服装店,因为她眼光很好,所以很多人喜欢她家衣服,生意还不错,积攒了一群好顾客。

但是后来,有几个顾客说她家衣服都太年轻化了,很多都不适合她们,建议她多上一些成熟点的衣服。于是她又进了一批偏成熟的衣服。

上新以后,又有顾客说,喜欢文艺风的衣服,建议她多进一些。

于是她又进了一堆文艺风的衣服,可是除了几个顾客喜欢,其他老顾客都不喜欢,纷纷给她提意见。

结果到最后,她的店变得不伦不类,什么风格都有,生意

第一章
在麻木的世界里，高敏感地活

也一落千丈，压了一大堆货，最后不得不关门转让。

那群老顾客议论纷纷，说这位朋友刚开店的时候衣服选得挺好看，都是后来乱听别人意见。

要知道，大家最爱做的事情就是提意见，反正又不花钱，也没什么责任。意见错了，就假装没说过；意见对了，就能炫耀好久。提意见本来就是没有成本的事情，对于张口就来的意见，听听就好，什么都去在意，会累死人的。

还是那个高敏感的朋友，她服装店关门以后，后来看淘宝店生意好就开始做淘宝。

有了之前服装店的前车之鉴，淘宝店的定位她虽然问了很多人意见，但最后，还是按照自己的想法开了起来。还是有人跑来给她建议，虽然每次她都耐心地听，但她都有自己的主见，对适合自己店铺的意见她接受改正，那些不适合的她都是听听就好。

现在，她的淘宝店生意非常好，已经有三个"王冠"了。

俗语说："岂能尽如人意，但求无愧我心！"就像萝卜白菜各有所爱一样，所以，不要奢望做一个人人都满意的人，那是不可能的事情！

我们在聊天时经常根据别人的反应决定聊天话题，可有一种人却习惯根据别人的喜好决定聊天态度和立场。如果说前者

敏感情绪管理法
MINGAN QINGXU GUANLIFA

体现了一个人的为人处世,但后者明显功利心过重了。因为我们每个人的性格不同,见解不同,导致我们立场不同,三观不同,有分歧是很正常的,如果总是为了讨好别人,没有自己的主见,是很难获得别人尊重的,也很难获得快乐。弗洛伊德说:"简直不可能不得出这样的印象,人们常常运用错误的判断标准——他们为自己追求权力、成功和财富,并羡慕别人拥有这些东西,他们误解了生命真正的价值。"

心理学家指出,人类是最容易接受暗示的群体。童年时,看了电视剧《还珠格格》以后,大家对凶神恶煞的容嬷嬷特别讨厌,所以"容嬷嬷"的扮演者去买菜,都会受到路人的辱骂。就是因为小时候的我们往往无法分辨电视与现实世界。

即使长大以后,我们也分不清明星们在镜头前的表现是否真实。《我们相爱吧》这档综艺节目里,尽管我们知道只是综艺节目,可是第一季,大家都在八卦"任性夫妇"的恋爱证据,觉得林心如和任重两个人是真的在热恋中的男女。后来林心如传出婚讯,观众才认清这档综艺节目的现实。

但是第二季的时候,我们又开始追"宇宙夫妇",周冬雨和余文乐在一起的时候多甜啊,两个人肯定是真的相爱了,各种八卦博主也爆料两个人是真爱。节目外,两个人也是各种暧昧,后来余文乐公布恋情的时候,伤害了一大片的"粉丝",毕竟,大家都信以为真了。

发没发现,无论是电影还是电视剧,虽然我们很清楚这是在演戏,但是正面人物总是容易被追捧,被喜爱。反面人物则被谩骂,比如《我的前半生》里饰演凌玲的演员因为饰演"小

第一章

在麻木的世界里，高敏感地活

三"被网友骂得关闭评论，《香蜜沉沉烬如霜》里面的天后因为太过恶毒，网友跑到微博把该演员骂得退出微博。可见，人们真的很容易受到暗示的影响。

让每一个人都满意是不可能，也是没有必要的。

即使在现实生活中我们也常常遇到类似的事情。无论一个人做什么事情，都会引来不同的评论。你上班待人热情，同事工作加班的时候，你帮他一起加班，这本来是一件多好的事情，你帮忙的同事肯定觉得你特别热心，但是其他没有留下来帮忙的同事就会感觉你做人虚伪，野心勃勃。你的领导可能觉得你这个人比较会为人处世，但其实你就只是想帮同事赶快加班做完工作而已，你并没有想那么多。那么，当你听到大家的议论时应该如何反应？是该难过别人曲解了你的好意吗？其实有什么关系？你又没有做错。最好的方法就是抱着"有则改之，无则加勉"的态度。

人活一世不容易，何必事事都在意？实在没有什么必要去迁就别人委屈自己。

第二章

停止内耗,做一个适度的"妥协主义"者

高敏感度的人更容易和自己斗争,因此心累,需要做的第一步是停止内耗,找到适合自己的方式,做个适度的"妥协主义"者。

与其相互伤害，不如送他一轮明月

人与人之间为什么总会有伤害呢？这大都是因为一些彼此无法释怀的坚持造成的。如果我们都能从自己做起，宽容地看待他人，相信一定会收到意想不到的效果。帮别人开启一扇窗的同时，自己也会看到更完整的天空。

17世纪意大利著名画家麦德卢年轻的时候特别喜欢绘画，像电影《无双》中的郭富城一样，虽然他很努力，可始终都没有什么进步。最后，无奈之下，他只好去"画假画"，专门仿造大师级名画。

有一次，麦德卢在画廊里面临摹西班牙画家迭戈·委拉斯贵支的《提水人》时，一位游客走了进来，麦德卢没有在意，继续作画，那位游客就站在他身后静静地看着他作画。

可是麦德卢画完画中那位提水的女子以后，游客有些失望，他认为，女子提起一桶很重的水时，身体应该倾斜一些才自然。

麦德卢听了游客的建议，将提水的女子又画了一遍，可是游客仍然不太满意，他指出，女子提的水在屋内时，颜色应比在屋外更深一些才对！

麦德卢这才意识到身后的游客鉴赏能力很棒。于是，他向游客虚心求教，在游客的建议下临摹完这幅画。他自己仔细观

第二章
停止内耗，做一个适度的"妥协主义者"

看，简直能以假乱真。

他非常高兴，因为这幅以假乱真的画一定可以卖个好价钱，他非常感谢面前的这位游客。

游客说，他也很希望这幅画能够卖个好价格，这样的话，就不会太糟蹋他的声誉。

麦德卢有些不解，这幅画与这位游客有什么关系？

游客告知麦德卢，自己就是这幅《提水人》的作者，这让麦德卢十分惊讶，更让他惊讶的是，迭戈·委拉斯贵支说完以后转身就走。麦德卢十分疑惑，跑上前去，问迭戈·委拉斯贵支明明发现自己在模仿他的画，为什么他非但不生气，还教导自己细节处理。

迭戈·委拉斯贵支告诉麦德卢，生活是艺术的土壤，他不希望因为艺术而去威胁到麦德卢的生活。只是他希望麦德卢有一天能有属于自己的作品。

麦德卢因为迭戈·委拉斯贵支的宽容羞愧不已，从那以后，他开始创作自己的画作，不再去模仿别人，后来，他终于也成了一名赫赫有名的大画家。

过了很多年以后，麦德卢在自传里写下了这样一段话："是迭戈·委拉斯贵支挽救了我，是他的宽容和大度挽救了我！如果他选择让我受到法律的制裁，那我在艺术上可能永远也不会有什么成就。"

莎士比亚在其名剧《威尼斯商人》里曾这样写道："宽容就像天上的细雨滋润着大地。它赐福于宽容的人，也赐福于被宽容的人。"事实的确如此。在成名之前，麦德卢只是一个模仿他人画作的二流画家，而迭戈·委拉斯贵支明知道自己的画作被抄袭，但他却选择了原谅麦德卢的所作所为。迭戈·委拉斯贵支的一个宽容之举，最终成就了麦德卢，自此以后麦德卢专心创作，终成一代大画家。宽容的力量正在于此，它赐福于得到宽容的人，也会让拥有发出宽容之心的人收获福报。

作为音乐界浪漫主义的代表，李斯特很早就功成名就，并被大家公认为是"钢琴之王"。

偶然的一次机会，李斯特路过德国一个小镇之时，听小镇居民说一位女钢琴师——著名钢琴家、作曲家李斯特的学生要在小镇里举行演奏会。

李斯特心里有些纳闷，他不记得有什么学生要开演奏会，于是，通过他人介绍，他亲自到这位学生住处拜访。他敲开门，开门的正是宣传的那位女钢琴师。显然，她是认识李斯特的，她惊慌地哭泣起来，在李斯特的再三询问下，才得知，原来女钢琴师是个孤儿，家庭贫困，也没有名气，无奈之下，她只好声称自己是李斯特的学生，想开演奏会赚取家用。

女钢琴师为了求得李斯特原谅，跪到他的面前，希望李斯特先生能够原谅她。李斯特了解其中原委以后，让女钢琴师把晚上要演奏的曲子弹奏一遍，女钢琴师看到李斯特并没有生气，非常感动，就将晚上要演奏的曲目弹奏一番。

李斯特专注地听完女钢琴师演奏以后，满意地点了点头，还提出了自己的建议，并纠正了几处错误。最后，他对女钢琴

第二章
停止内耗，做一个适度的"妥协主义者"

师说："我教了你钢琴知识，以后我就是你的老师了。所以你不用假借我学生的名义了，因为你就是我的学生。"

女钢琴师感动得不知道该说些什么，李斯特又说："为了让大家知道你真的是我的学生，晚上我将在我学生的演奏会上，亲自上台演奏。"

当晚，演奏会在一曲美妙的钢琴曲中圆满结束，当灯光打亮，听众们才发觉，演奏最后一曲钢琴曲的竟然是李斯特本人。那位女钢琴师也因此改变了自己的人生境遇。

心理学家告诉我们，当一个人犯错时，比起严厉警告，有时候，适度的宽容更容易让对方改变。

管不住别人的嘴，但可以管住自己的心

世上真正令人痛苦的不是那些冷嘲热讽，而是不断地将那些冷嘲热讽负面强化，让自己的伤口越来越深。若能从容地面对生活，在流言蜚语面前一笑而过，不给自己施加任何精神负担，不为羞辱嘲笑而动怒，不迷失心中的方向，那么所有的嘲笑都会显得苍白无力。

记得法国财政部长克里斯蒂娜·拉加德曾经说过："记住别人的嘲笑，不是去报复。其实，每一个嘲笑都是你需要努力改

进的地方，每一个嘲笑都是你成功的动力。不要憎恨嘲笑，因为成功是踩着嘲笑而登顶的。"

哈莉·贝瑞是美国黑人女性的杰出代表，也是好莱坞当红女明星之一。称赞她的词语从来都是美丽、智慧和坚忍。从出道以后，她一直都很顺利，荣获了很多让别人羡慕的奖项。

2002年3月24日，第74届奥斯卡金像奖颁奖典礼在洛杉矶的"柯达剧院"隆重举行。当晚，哈莉·贝瑞拿到了人生中第一个奥斯卡"最佳女主角"奖成为奥斯卡历史上第一位黑人影后，她成为了历史的见证者。要知道，此前73届的奥斯卡颁奖中从来没有黑人拿过此奖项。哈莉·贝瑞也因此被称为命运的宠儿。

但是，即使是哈莉·贝瑞也不可能永远一帆风顺。不久后，她的另一部电影再次获奖，只是这次被评为金酸莓"最差女主角"。金酸莓是由约翰·维尔森1980年创立，在每年奥斯卡奖揭晓前一天公布，是影迷们自发性的娱乐奖项，但由于它的特殊性，日益受到大众重视。后来，金酸莓奖已成为关注度很高的一个评选活动，拥有一个由电影从业者、专家、影迷组成的近500人的评选团体。这个奖对于演员来说，是一件特别羞辱的事情，从来没有人愿意承认。而哈莉·贝瑞又一次成为了历史，她是第一位亲手接过此奖杯的好莱坞女明星，并且感谢了大家。她说，她将会永远记住这次批评，她也非常感谢大家，因为这将是她生命中最珍贵的一笔财富。

有许多记者问她，来领奖不怕大家嘲笑她吗？

第二章
停止内耗，做一个适度的"妥协主义者"

而她却说，作为一名演员，她能得到奥斯卡的认可，也能够接受金酸莓的批评。她将永远记住这次批评。

后来，她留言的时候，写下了引人深思的一句话："如果不能做一个好的失败者，也就不能做一个好的成功者。"

如果你正在经受别人的侮辱或嘲笑，并觉得无法忍受时，就想一想那些从丑小鸭变为白天鹅的成功人士的亲身经历吧。人无完人，谁都可能会因为某方面的弱点而成为别人嘲笑的对象，不要为此耿耿于怀。只要努力将自己所做的事情做好，努力将自己的优势发挥出来，终有一天，侮辱过你的人会在你面前自惭形秽。

美国大学生库帕是一名无线电爱好者，他在毕业后，一直找不到工作，就在快要没钱吃饭时，他选择了去乔治的公司面试。可是，资深的乔治并没有接受库帕，理由是库帕并没有关于无线电的工作经验。尽管库帕苦苦哀求，乔治还是拒绝了他。

但库帕并没有放弃，他后来去了摩托罗拉，出于对无线电的热爱与乔治拒绝他时的轻蔑，库帕经过反复研制，最终研发出了移动电话，而他也因此被称为"移动电话之父"。而此时的乔治，还未研制出移动电话，他没有想到，库帕竟然在自己前面研制出了移动电话。

后来，库帕在接受记者采访时说，他非常感激当年乔治的拒绝，如果乔治留下了他，也许他会成为一个非常好的助手，却永远无法成为一名工程师。正是因为乔治的拒绝，才让他下定了决心，而这正是他成功的动力。

库帕是倔强而坚强的，他没有因别人的轻视而自惭形秽，也没有因别人不给自己机会而潦倒落魄，他的坚强和努力最终让曾经轻视他的人看到了他的强大。

我们永远无法改变别人的看法，但我们能够改变自己。永远不要因为别人的轻视而一蹶不振，相反，更应该努力前行，大家只能够看到成功的人，等你成功以后，一切才会有意义。

勇敢承认自己的不完美

这个世界上，永远都没有完美的人。可是，很多人都不愿意正视自己的不完美，其实，只有能够坦然面对自己的不完美，才能认识真正的自己。

柳娜36岁那年，丈夫不幸去世，家里便张罗着为她介绍对象，想让她再组建一个新的家庭。可是柳娜相了几次亲全都失败了。原来柳娜和别人相亲时，总是先把自己的缺点和盘托出，令一些人"望而却步"。她的亲朋好友纷纷埋怨她，她却有自己的主意，年轻时搞对象都没有装模作样过，老了更不用掩饰，

第二章
停止内耗，做一个适度的"妥协主义者"

还是让别人知晓自己的瑕疵，省得以后还要因为性格的事情浪费时间。

就在大家都觉得柳娜很难找到如意郎君时，没想到柳娜还真找到了一位心心相印的意中人。据说对方就是看中了柳娜毫不掩饰、勇于承认自己的不完美，认为这人难得的实在。由于柳娜事前把自己的缺点毫无保留地告知对方，对方"扬长避短"，配合默契，生活得很美满。朋友们都说，实在人有实在命，柳娜这是用袒露缺点换来的幸福。

人有缺点并不可怕，可怕的是刻意掩饰，自欺欺人。柳娜在对方面前大胆袒露自己的缺点，出自内心的真诚和对别人的信任。她那透明的真诚理所当然也换来了对方的信赖与爱慕。柳娜真诚袒露缺点的结果，使对方提前了解她的缺点，包容她的缺点，还有意识地弥补她的缺点，这正是他们后来生活幸福和谐的基础。

我的邻居叔叔 40 岁时才结婚，新娘是一个比他还大 3 岁的单亲妈妈。当时婚讯传出来，大家都觉得不可思议，因为邻居叔叔看着比单亲妈妈的条件好太多，在大家看来，他吃亏了。可是他并不这么认为。

他带大家去看他的新房，都是某牌子电器。大家都特别羡慕，因为这个牌子的电器很贵，一般人用不起。

邻居叔叔告诉大家，这些电器都是他公司老板卖给他的二手电器，只用了很少的钱，但电器都是好电器，比买普通品牌电器的性价比要高很多。然后他话锋一转，对大家说，他的老婆虽然是单亲妈妈，但是为人善良，这些年吃了很多苦，懂得珍惜生活。而且他自己也不是特别优秀，也有各种各样的问题。两个人实际上很合适，并没有谁配不上谁。

最后他开玩笑说，其实他真不亏，他拼的是性价比。

大家听了以后，觉得他说得很有道理。

正因为邻居叔叔能够承认自己的不完美，他才不苛求爱人的完美，结果两个有瑕疵的人才能凑到一起，组成一个幸福的家庭。

很多时候，我们无法接受缺点，总会条件反射地掩饰自己的缺点。

小时候上美术课的时候，因为刚开始学，画得不好。有时候画得太差，就不愿意拿出来给老师看，总是找借口说忘家里了。时间一长，老师了解情况以后，就告诉我们，刚开始学画画，画得不好很正常，否则也就不用学了！可是，画不好就不敢让人看，那么老师永远无法知道你的问题所在，也无法纠正你的错误。缺点是用来纠正的，不是用来掩饰的。这对我的触动很大，从那以后，我知道，遇到问题时逃避是没有意义的，要勇于面对。

要正视自己的缺点，承认自己的不足，努力改善自己的问题，只有这样，才能让我们随时保持清醒，超越自我。

第二章
停止内耗，做一个适度的"妥协主义者"

你没有成功，和你不是"富二代"没关系

在这个世界上，有很多人都在过着平凡的生活，做着一份普通无聊的工作，拿着微薄的工资。我们刷微博的时候，总是希望能够一夜暴富，羡慕那些"富二代"一出生就"躺赢"了自己，觉得自己没有成功，只是因为自己不是"富二代"，可是，那些"富一代"们，靠的可是自己！

人生有无数种可能，即使付出相同的努力，也不可能就有同样的结果。一万个人同样做着基层岗位的工作，他们都一样努力，也都很拼命，可是最后能够成为成功人士的，也许只有一个人。努力可能不会成功，但不努力肯定不能成功。

有很多年轻人都希望通过创业得到第一桶金，走上人生巅峰。可是，创业没有那么简单，如果没有资金，没有资源，创业对我们来说是奢侈的。大家要遵从现实，从基层工作做起，累积工作经验。有很多我们熟悉的大老板们的第一份工作，都很普通。

海底捞的老板张勇，最早是名拖拉机厂的电焊工人，即使后来创业，也是摆了四张桌子卖麻辣烫。那时候谁能想到，张勇竟然能够带着海底捞开了上百家分店，如今还在香港成功上市了。佳能公司的开创者，据说曾经是某医院妇产科助手；台

塑集团创始人王永庆年轻时候做过茶楼跑堂；浙江万向集团主席鲁冠球，第一份工作是打铁；巨人公司董事长史玉柱的第一份工作是在农村抽样调查队当职员；就连首富李嘉诚，当初第一份工作也是当一个小学徒。

这些我们所熟悉的成功人士，他们的第一份工作，有的还不如我们，当然他们最后的成功并不是因为他们的第一份工作，但正是因为他们对待什么工作都很认真的态度，才促成了他们的成功。

每个人都想成功，也因此注定了通往成功的道路必定是拥挤的。我们在成功道路上前行时，总会遇见很多人中途停下，半途而废，而坚持走下去的人才能够成功。心理学家告诉我们，如果一个人总是不停地抱怨，那么他终将一事无成。因为无论他做什么，他都能够为自己找到失败的理由。要知道，你没有成功，和你不是"富二代"没关系。

你抱怨的不是选择，而是选择错了

回首往事，人总是免不了有许多懊悔，发出"如果有来生，我……"的感叹。你抱怨的不是选择，而是选择错了。你会想，如果当初是另一种选择，那么，可能就是另一种人生吧。

第二章
停止内耗，做一个适度的"妥协主义者"

可人生不是游戏，无法重新来过。我们以为影响人生的都是些重大决定，其实，很多我们不经意的小决定，却影响了我们的一生。

高考前不久，李峰因为模拟测验成绩不太理想闷闷不乐，上课的时候也无法认真复习。老师们也很发愁，知道他这次成绩不太理想只是因为没有发挥好，但如果他一味地难过下去，那么高考成绩必定会受到影响。于是大家劝慰他，但他仍然沉浸在痛苦的情绪中，听不进去。后来班主任找来了学校的心理医生来劝慰他，心理医生拿起他的数学书扔到地上，问他："这是什么？"

李峰愣了一下，好一会儿，他才说："是我的数学书啊。"心理医生让他捡起来，他蹲下身捡起来以后，心理医生又问他："这还是你的数学书吗？"他纳闷地点了点头，说："是啊。"

心理医生把数学书的封面撕掉，扔到地上，又问他："那现在还是你的数学书吗？"李峰有些糊涂了，他说："虽然你把封面撕掉了，但这还是我的数学书啊。"心理医生说："你这次模拟测验成绩不理想，是什么缘故呢？"李峰想了想，低声说："上次考试前，前一天熬夜，考试时状态不好，好多题目都没仔细看，答错了很多。"

心理医生又说："如果现在让你答题，你能都答对吗？"李锋摇了摇头，红着脸说："我最近因为考试成绩不好，吃不好，睡不好，状态更加不好了。现在答题，可能错的更多。"

心理医生显然很满意他的回答，说道："既然你知道这次考

敏感情绪管理法
MINGAN QINGXU GUANLIFA

试失败的原因,你就应该调整好自己的状态,认真复习,好好休息,争取在高考时考个好成绩。如果你一味地沉浸在成绩很差的情绪里,像你所说,状态更差,成绩会更差,这就是个恶性循环。就像你的数学书一样,即使丢在地上,它仍然是你的数学书,撕掉封面,它依然是你的数学书。"

李峰这才恍然大悟,向心理医生道完谢后,拿着数学书回去了。他调整好状态,积极复习,高考超常发挥,去了一所全国前十的重点大学。

因为很多种缘故,我们也许会做错一些选择,可是,错了就错了,不要再去纠结。无论你多么懊恼,你都无法回到你做决定的那一刻,只能往前走,避免未来的错误选择。

有一对夫妇,平时两个人酷爱打麻将,还喜欢吵架,两个人经常因为一些小事在家中大打出手,也从来不管两个孩子的学习,孩子们写作业都是在麻将声中度过的。在这样的环境下,两个孩子却有着截然不同的人生,一个初中毕业就早早辍学,在附近工厂打个零工,也天天坐在麻将馆里打麻将,如今都三十多岁了,还是单身;另外一个孩子就不同了,他当时考的重点大学,毕业后直接考研考博,后来留校当了一名大学老师,娶了自己的小学妹,也是大学老师,家庭非常幸福美满。他们出自同一个家庭,却有两种截然不同的人生,大家觉得很奇怪,就去问他们:"为什么会这样?"他们的回答令人惊讶。因为两个人的回答完全一样:"出生在这样

第二章
停止内耗，做一个适度的"妥协主义者"

的家庭，我还有什么办法？"

因为没有办法，这两个孩子不得不做出人生的选择，一个选择不变，而另一个选择了改变。成功是选择的结果，堕落也是选择的结果。每个人的前途与命运，都把握在自己的手中。学习也好，工作也罢，无论做什么都是如此。一个人只要奋发努力，就有机会取得成功。有人说："人生就是一连串的抉择，每个人的前途与命运，完全把握在自己手中，只要努力，终会有所成。"

选择生存是人与动物具有的本能，就连一粒小小的种子也有这样的力量。这种力量促使我们生长，我们会下意识地选择更适合我们的环境，也会做出最适合我们的选择，激励着我们变得更加美好。

人的一生中要面临的十字路口有很多，每一条路的尽头都是我们未知的结果，所以，一定要根据自身的价值取向，朝准一个方向，勇敢地迈出自己的第一步，让青春学会选择，让选择打造成功，让成功引领人生。

怎么走都觉得不对的时候，试试走心

在我们上小学的时候，我们的作文就开始以自己的理想命名。而且，我们的理想只能是"医生""老师""护士""科学家"这些比较高尚的职业，因为这些是老师和家长们喜欢的职业。事实上，那个年纪，我们除了吃和玩，还不知道自己"想要什么"，只是我们从小就学会了听话。

长大后，发现自己能够做主的事太少。大学时期我们必须选择一个好找工作的专业，而不是自己喜欢的专业。毕业之后，发现无论是什么专业，在家人面前都不如考公务员来得稳妥。当然，公务员也不是那么容易考的。于是，只好找一份普通的跟所学专业无关、和学历也没多大关系的工作，生活得平凡而普通。也会突然有一天，开始质疑自己的生活，也会痛苦，不知道自己想要的到底是什么。有时候也会拿"其他人也是如此"类似的言语安慰自己，可是自己内心非常清楚，这明明就不是自己想要的生活。

早在高中的时候，徐小雅就立下了到英国留学的志向，并且非名校不可。后来高考成绩不太理想，她只去了一所很普通的大学。可是徐小雅并没有放弃，大学四年，在大多数人都在解放天性，对自己的要求仅仅是不挂科就好的时候，徐小雅拼

第二章
停止内耗，做一个适度的"妥协主义者"

命苦读，成绩始终保持系内前三，除了正常学业，还报了雅思培训班，有条不紊地学习英语。不止如此，除了学习，徐小雅还积极参加各种学生会活动、义务活动、学校教授的课程，为日后的留学推荐信做准备。

大四毕业的时候，徐小雅顺利收到英国某大学的录取通知书，并且为她提供了奖学金。大家在恭喜她的同时，纷纷表示不舍，以为小雅会留在国外。可是小雅却说，自己毕业以后想要去深圳。果然，毕业后，她不顾导师挽留，执意回到深圳，即使这时同学们已经工作五年，可是凭着她的专业资历，年薪是同学的十倍。工作稳定以后，她开始谈恋爱，男朋友是一家上市公司的总经理，他们在英国留学时就已经认识，只是小雅那时候一心读书，拒绝恋爱。她的男朋友便一直等到她毕业，两个人就快结婚了。

当然，有些同学会觉得小雅目的性太强，可是，能明确自己想要什么，并为之奋斗，而最终达成梦想的人，难道不值得我们去祝福吗？

小丽家庭条件优越，天生丽质，是传说中的"白富美"，毕业于某211高校金融专业。毕业之后，在家人的要求下，她回到家乡的城市，考到当地银行工作。在大家为了找工作而不停面试的时候，她工作三个月就辞职了，理由是"银行工作太累，而且任务太多"。刚辞职时，她还投投简历，参加一些面试，后来，索性连工作也不找了。因为她所学的专业在她们家

敏感情绪管理法
MINGAN QINGXU GUANLIFA

乡只能去银行,她又不喜欢。朋友建议小丽去大城市工作,偏偏小丽还不愿意离开家,觉得一个人在外面太辛苦,所以就这么一直闲下去了。中间她也想创业,开过一家网红餐厅,亏钱以后,也不想再创业了,她还自我安慰省钱就是赚钱了。只是,偶尔她也会迷茫地对朋友说:"我也不知道自己想要的到底是什么。"

现在越来越多的人把懒惰、逃避等美其名曰为"归于平凡"。可事实上,像小丽这样就是在逃避,她不愿意与人竞争,所以她放弃了所有竞争性的工作。她当然知道不能天天待在家里无所事事,于是她去创业,她以为创业很轻松,能自己做老板。当她发现创业是竞争最激烈的事,她又选择了放弃。像小丽这样的人很多,他们总是说不知道自己想要的是什么,其实,他们就是不愿意去努力,不愿意去思考,他们没有坚强的意志去实现自己的梦想,只好得过且过,假装自己很迷茫。当然,也有可能他们是真的迷茫,他们连梦想都懒得追逐,等待他们的只能是被社会淘汰。

史蒂夫·乔布斯曾经在一次演讲中说过:"你必须找到你自己真正喜欢的东西,在工作上是这样,在爱人上也是这样。工作会占据你生命的一半,真正满足自己的唯一方法就是做你认为值得的工作,而能让你觉得自己的工作伟大的唯一方法,就是喜欢你正在做的事。"

那么,什么工作才是我们所认为的值得的工作呢?也许会有人说,不知道自己喜欢什么样的工作。虽然很多时候我们不

第二章
停止内耗，做一个适度的"妥协主义者"

知道自己喜欢什么工作，但我们知道，我们不喜欢什么工作。除掉那些我们不喜欢的工作，剩下的工作可能就是我们喜欢的工作。

或者，我们可以通过与自己对话，思考自己，得到我们内心真正的答案。

首先，放松自己的心态，捕捉自己内心的想法。

放松自己的心态，下意识地抓住自己内心一闪而过的期待。可能会花费很长的时间，但不要对自己要求太多，就静静地等待着。

其次，询问自己能为实现愿望提供哪些技能帮助。

通过上一步骤，将自己的愿望都列出来，同时，也把自己的特长列出来。看一看，自己的那些技能能为自己的愿望做些什么。比如，你想要当一名作家，恰好你读书的时候爱做笔记，而且你作文写得非常好。

最后，与自己对话，从对话中找到答案。

我们与家人对话，与友人对话，与老师对话，与陌生人对话，可是我们从来不与自己对话。其实我们最需要对话的人，是我们自己。只有面对自己的时候，我们才能够做到坦诚。如果不知道问什么，就写一张纸条，把所有疑问写出来，自己回答，再从回答中找到答案。我们不要去问那些很宽泛的问题，要问得详细一些，更准确一些，这样才利于我们找到真正的答案。比如，我们可以这样问自己：

我为什么要辞职，是因为现在的工作不符合我自己的价值观吗？

我想要辞职,可是,如果我辞职了,我下一份工作应该是什么样子?

我应该如何去找到自己想要的工作,我是否需要增加什么技能?

那么,我想要找的另一份工作是否能够符合自己的价值观呢?

可能我们的问题问得很奇怪,答案也很荒谬,但是我们都要认真地回答,然后反复地查看自己的答案,也许会有不同的答案,而那些答案将会告诉你,自己内心真正想要的答案。

套用英特尔公司前总裁格鲁夫的话:人生最奢侈的事就是做你想做的事,那么人生最奢侈的生活就是过上自己想要的生活。希望每一个读到这里的人,都能够过上最奢侈的生活。

第三章

心灵疗愈的关键是爱自己

想要说服别人,首先要能够说服自己;想要热爱世界,首先要学会如何去爱自己。想要感动世界,首先要感动自己。

自卑没什么，因为你可以补偿

每个人的内心深处都隐藏着自卑的情绪，通过研究发现，我们大部分的自卑都源自幼儿时期，因为那时候，我们必须依赖着成年人的帮助才能够生存，而这种依赖，是建立在成人的无所不能与幼儿的无能为力而形成的巨大反差上。如果这种现象长久持续下去，那么只会加重儿童的自卑感，直到成年也无法摆脱。现代著名精神分析学者阿德勒提出了"所有的儿童都有一种内在的自卑感，它刺激儿童的想象力并诱发儿童试图去改善个人的处境，以消除心里的自卑感"的观点。

这被称为"个别心理学"。通过补偿的方式，去鼓舞充满自卑感的人，使他们能够战胜自己。

"上帝为你关上一扇门，就会为你打开一扇窗。"万能的造物主早在冥冥之中，默默安排了补偿。如果我们仔细观察，就会发现，双目失明的人在听觉与触觉上往往会优于正常人，而聋哑人的肢体表达能力比正常人强，下肢残疾的人的上肢力量就会优于普通人。

自卑感会使人变得敏感，高敏感会导致人的自卑感加重，从而会迫切地产生一种补偿心理。也就是说，自卑的人更希望得到认同，取得成功。

第三章
心灵疗愈的关键是爱自己

曾经听过这样一个故事，有个人出生于一个富裕家庭。不幸的是，在他童年的时候，父母因车祸去世，所以，他从小被叔叔领养，家产也都由叔叔接手。仿佛一夜之间他被幸运之神抛弃，一无所有。叔叔虽然名义上领养了他，但是把他扔到农村的学校里，不管不问，他出现了自闭障碍，无法与人正常对话，整天沉浸在自己的世界里，初中就辍学了。辍学之后，他的婶婶给他找了份学徒的工作，然后以他已经成年工作了，他们没有抚养他的义务了为由，把他从家中赶走，从此他无家可归。他也愤愤不平，想要夺回父母的产业，可是过了那么多年，产业早已被叔叔一家占为己有，他告到法院也因为没有什么证据而败诉。因此，他与叔叔一家彻底闹翻，他回到他当学徒的地方，也被告知他实在没什么用，被赶了出去。他找不到工作，只好在大街流浪，想要自杀，被一个老邻居拦住了，塞给他几百块钱，说无论如何都不能死，死了就什么都没有了。他拿着那几百块钱，发誓一定要活下去，最后决定跑去外地打工。他克服自己的社交障碍，向陌生人一个一个地推销产品。开始的时候，他根本无法和人说话，自己一开口就结结巴巴的，花了好长时间，他才终于突破了自己，能够和人正常交流。后来凭着努力，他终于一点点地发展起来，自己创业成功，完成上市，他的公司市值已经超过了父母留给他的产业。而此时，他的叔叔因为经营不善破产，一家人过得很是艰难，令人唏嘘。

这个故事告诉我们，当你一无所有的时候，如果选择自卑和屈服，命运也不会同情你。你只有选择抗争，才有赢的希望。其实，自信距离自卑只有一步之遥，只有自己才能战胜自卑。

有时候，自卑甚至能推动一个人取得成功，经过调查发现，很多人都是因为自卑，所以才特别渴望用成功补偿自己。例如，小时候因为贫穷不舍得买洋娃娃，长大有能力后，就会买很多来补偿童年的自己。特别是同学聚会上，会发现，从前混得不好、现在混得特别好的人，就会特别热衷同学聚会，他们特别享受那种被仰视的感觉。心理学认为，很多人奋斗的动力都是想要补偿自己的自卑感，而一旦这种补偿达到要求以后，就会失去奋斗的动力。这是一种循环，适度的自卑感能够促进人们进步，是最终能使人成功的重要动力，也是人类不断进化的重要原因。

邻居家有一对兄弟，两个人从小到大成绩都特别优秀，都是博士生，后来工作，包括结婚生子，他们都被身边的亲朋好友羡慕，都是传说中的人生赢家。大家就问他们，为何两个人都能这么优秀。哥哥说，因为弟弟太优秀了，他总觉得身为哥哥的自己比不上弟弟，所以从小到大，他都不断地努力，鞭策自己一定不能比弟弟差。可是，弟弟却说，他有一个优秀的哥哥，让他从小就很自卑，所以这么多年，他一直想要追随哥哥的脚步。原来，两个人都很自卑，正是因为内心的自卑，才促使他们这么努力地想要超过对方。从而，两个人都很优秀。

第三章
心灵疗愈的关键是爱自己

适度的自卑感有助于我们积极向上,但是,过分的自卑是会毁掉一个人的。现实生活中,见过太多的人,因为过分自卑而颓废堕落、意志消沉、不思进取、甘于落后,如果这样,就会变得非常可怕,是能够毁掉一个人的。所以我们要战胜我们的自卑,不能让我们向自暴自弃发展。

自卑还源自对未知的畏惧感,想要战胜自卑,战胜自己,还要多尝试一些从前不敢尝试的事,直到获得成功为止。而战胜自己无非是做到以下几点:

首先,尽量挑前面的位子坐。

在各种类型的课堂上,你要尽量坐在前面,坐在显眼的位置。一来,可以放大自己在领导及老师视野中的形象;二来,可以起到强化自己,提升自信的作用。很多人觉得,坐在前面会比较显眼,因此都尽量坐到后面去,但若要增强自信,你就要记得,有关成功的东西大都是显眼的,给自己点勇气,哪怕是强迫,往前面坐吧!

其次,自我暗示,肯定自己。

消除自卑,建立自信的关键来自自己,要学会自我暗示,肯定自己,最好的办法可以在独处时自言自语,夸赞自己"我非常棒""我一定是最美的""我最聪明""我肯定能解决所有问题"等等。只是需要注意,在夸赞自己时,要使用第一人称,必须要用肯定句,特别是在夸赞自己时,一定要说出声音,不能只是想想而已。那样无法达到坚定信心的目的。

再次,通过行为表达自信。

人们自信时的表现,往往眼神非常坚定,不躲闪,能够正视别人。同样，人们行走的姿势，走路带风，就能够带给人特别有自信的表现。相反，当一个人，眼神躲闪、步伐缓慢，就会让人觉得这个人不够自信，过于懒散。想要变得自信，最简单的就是在行为上改变自己，步伐坚定，眼神坦荡，展示自己的魅力，通过这些，传递自己的自信。

最后，在大庭广众下练习发言。

很多人都是"老黄牛"，干活多苦多累都行，但是一让他们开会发言——那算了。紧张、害怕……总之，都是"缺乏自信"这一"毒素"的又一次发作，但是每次的沉默寡言，都会使他们愈来愈丧失自信。如果尽量发言，就会增加信心。很简单，思考一下你要讲什么，哪怕是写在纸上，念出来，也比一言不发要好，不管是学校，还是公司，开会发言的机会来了，就要抓住，不要给自己找借口。

忠于什么都不如忠于自己重要

著名思想家爱默生曾经说过："相信你自己的思想，相信你内心深处认为是正确的东西。"有时候，坚持真理很简单，只需要坚持自己，坚信自己的判断。但往往很多人都无法做到。

曾经有位老师关于坚持真理做过一个小实验。这位老师上

第三章
心灵疗愈的关键是爱自己

课的时候,拿出来一根香蕉,从每个学生旁边走过,最后回到讲台,把香蕉放到讲台上,问大家:"有谁闻到香蕉的味道?"

只有一个学生举起手,说自己闻到了香蕉的香味。于是,老师拿着香蕉又从学生旁边走过,并叮嘱大家,一定要集中精力。

这次,等老师再问大家的时候,好多学生都举起手,说自己闻到了香蕉的香味。

老师又拿着香蕉在教室转了一圈,这次只有一个学生没有举手,其他学生都举起了手。老师问他,是不是没有闻到香蕉的味道。他看了看大家,想了想,还是摇头说自己没有闻到。

大家都在笑话这个学生没有闻出来香蕉的味道,问他是不是感冒了。老师也笑了,然后他慢慢地举起香蕉告诉大家,大家都闻到了香蕉的香味,但这是个假香蕉,什么味都没有。

大家都沉默了。老师又说:"你们总是问我,如何坚持真理,而这根香蕉,就是我给你们的答案。当你认为你的判断是正确的以后,不要被大家的判断所影响,坚持自己,这就是坚持真理。"

大家都容易被从众心理所影响,很多人面对外界事物作出判断时,即使一开始有自己的主张,可周围持反面主张的人多了,甚至是呈一边倒的时候,他就会怀疑自己的判断,无法坚定自己的立场。尤其是在股市中,这种相似的例子很多,特别能够考验人性的弱点——很多人炒股迷信"大V",不能够坚持自己的判断，追涨杀跌。

每个人所认同的真理是不同的，总会听到不同的声音。但是，如果你很容易地就被别人说服，轻易放弃自己的观点，放弃自己所看到的事实，没有自己的主见，就会被真理嘲弄。

要想坚持真理，就应该忠于事实，忠于自己。如果我们认为是对的事，就一定要坚持到底，并勇往直前；要完全相信自己，即使受到阻挠和诽谤，也不改变信念。

做学问要有自己的认识，不能人云亦云，这样才能真正获得知识。做人也是如此，要有自己的独立人格和原则，才可能受到别人的尊重。那些见风使舵、委曲求全、人云亦云的人最终会遭人唾弃。

曾经有心理学家做过调查，其实很多人都发现过真理，可是只有极少部分人能够坚持真理，如果遭到他人的反驳与不认同，坚持下去的人就更少了，当真理还没被认证为真理时，很少有人能够坚定不移地拥护真理。正是因此，坚持真理才特别的难。

真理所存在的意义就在于尊重真相，说出真相。有人曾经无意中撞破了真相，却因种种原因不得不保持沉默，可是，无论是什么样的原因，都不是牺牲真相的借口。真理应该是高于一切的。

有这样一个关于神父的故事：

在国外，教会的教规是严禁神父将忏悔者的秘密泄露的，

第三章
心灵疗愈的关键是爱自己

没有任何例外。曾经有一个犯罪嫌疑人因杀人罪而被判处死刑,这位犯罪嫌疑人却声称自己并没有杀人,是被冤枉的,可是因为没有证据,没有人相信他是无罪的。神父也知道这个案子,他也与人谈论过这个案子,同样的,他也不肯相信那位犯罪嫌疑人是被冤枉的。可是这天,有一位男子来向他忏悔,说自己才是那起杀人案的真正凶手,虽然事后很后悔,也很同情那位无辜的受害者,可是因为怕死,不敢去承认罪行。

神父听到以后,大惊失色,他意识到,那位犯罪嫌疑人真的是无辜的。他想要去报警说出真相,可是教规是不允许的,他第一次感到为难,一边是教规,一边是真相。他不能眼睁睁地看着那个无辜的人被处以死刑。可是,对于发誓将一生献给上帝的他来说,无论如何也做不到打破教规。他陷入了进退两难之中,不知如何是好。

他内心十分痛苦,没有办法,只好到另一个神父的面前忏悔。他将事情的真相告知了这位神父朋友,并且忏悔了自己的为难。可是,这位神父朋友也为难了。思索一番,他也决定遵从教规。为了逃避良心的谴责,他又向另外一个神父忏悔……

后来在刑场上,有一位神父来为那名无辜的死囚做祷告,死囚拉着神父哭诉自己是冤枉的。

这位神父知道死囚是冤枉的,事实上,全国的神父都知道他是无辜的。可是,他们集体保持了沉默,掩盖了真相,眼睁睁地看着死囚被冤死。

坚持真理之所以很难,是因为坚持真理需要有很大的勇气。

每个人都希望自己是正义的，但是，总会因为各种理由，又或者是在另一种强大的力量面前，在强大的反对力量面前，无法坚持正义。就像故事中的神父，为了教规，却漠视了无辜者的死亡，他们在遵从教规的时候，应该明白的是，真理本应该高于一切。

我们要做的只是以我们绵薄之力来为真理和正义服务，即使不为人喜欢也在所不惜。我们应该坚持与真理永远结伴而行。

给自己发个奖杯

在生活中，我们总擅长发现别人的优势，却对自己一些突出的优点视而不见，不以为然。

其实我们每个人都有优点，在没被别人发现前，要学会做自己的欣赏者，懂得赞扬自己。对于高敏感的人来说，与其整日期待别人为自己喝彩，倒不如自己为自己喝彩，反而不会患得患失。人的一生，总会遇到各种各样的挫折，如果每次都被困难打败，郁郁寡欢，那么会发现烦恼越来越多。相反，如果能够以乐观的态度面对挫折，就会发现，生活其实很美好。同样的，每个人都有优点缺点，不能总是盯着缺点，却对优点视而不见。

第三章

心灵疗愈的关键是爱自己

杨婷婷最近烦恼的事情特别多，她原本在某家公司上班，以前，这家公司工资非常高。可是，因为公司效益不好，工资少了一半，工作也多了许多，杨婷婷想辞职，又想等到生了孩子以后再辞职，原因是他们公司对待怀孕的员工特别优待，从怀孕到生子，能休一年半的产假。可是现在，杨婷婷连男朋友都没有。工作太糟心，辞职就无法享受产假，对象又遥遥无期。杨婷婷想到这些，觉得生活简直一团糟。

朋友安慰杨婷婷，问她："那你觉得什么能解决你的烦恼？"

杨婷婷随即说道："辞职。"想了想，马上又改口："不对，是找对象结婚。"

朋友说："那你就不要想其他的。能够解决你烦恼的，就是找到一个男朋友。"

杨婷婷听完之后，觉得确实如此。

于是她就放弃了辞职的念头。后来，她认识了一个很不错的男朋友，两个人相见恨晚，感情非常好，已经开始谈婚论嫁。

更好的是，公司已经渡过危机，杨婷婷因为工作认真，升职加薪，涨了工资以后，薪水比降工资之前还要高。

如果我们凡事都需要被别人肯定，那我们的这一生一定会特别疲累。不难发现，现在有越来越多的人，非常渴望得到别人的肯定。当然，并不是因为谦逊，而是缺乏自我价值观。对于高敏感的人来说，他们内心深处的自卑，迫使他们更需要得到别人的肯定。得到别人肯定时，他们也许会非常自信，但一旦失去了肯定，他们就会患得患失，痛苦不已。

我有个讨好型人格的朋友雯雯，她特别的招人喜欢，但是很奇怪，她被人喜欢的时间特别短。

刚上大学的时候，她在宿舍是最招人喜欢的小姑娘，每个人都很喜欢她，因为她说话软软的，甜甜的。而且她从来不会拒绝人，无论谁有什么事情找她，她都会热心帮忙。可是，还不到半个学期，大家就渐渐地没有从前那么喜欢她了。

参加工作也这样，她到一家新单位上班，刚开始大家都特别喜欢她。可是工作一段时间以后，大家就对她冷淡了。

她也不知道什么原因，就不停地换工作，换了好几份工作以后，她发现总是如此。于是她跑到闺蜜群里问我们，是不是自己太奇葩。平时她吐槽的时候，大家都劝她：像你这么热心的人，别人对你冷淡，大概就是嫉妒你太好。但是这种事情已经发生很多次了，大家也觉得奇怪，于是正儿八经地约在一起帮她分析。

有人问她："你说大家刚开始都喜欢你，后来就不喜欢了，是不是发生了什么事？"

雯雯眨巴着眼睛，无辜地说："没有吧，我也不知道啊。"

这世界上也许会有无缘无故的爱，但一定没有无缘无故的恨，我们都觉得肯定有问题。

但是，雯雯一口咬定，自己平时真的对同事特别好，特别热情，但是别人态度冷淡下来以后，自己都不知道怎么和对方

第三章
心灵疗愈的关键是爱自己

说话。

正好,有个朋友和雯雯以前单位的一位同事是朋友,于是她就打电话询问。

雯雯的同事说,雯雯刚到单位的时候,特别爱笑,大家都特别喜欢她。但是后来不知道为什么,也不爱笑了,也不爱说话了,大家慢慢地就不和她说那么多了。

大家让雯雯仔细想想,她为什么会觉得同事冷淡她。

雯雯想了想说:"就是刚开始,大家都特别喜欢夸赞我,但是过一段时间以后,就没人会夸赞我了。我就会觉得大家是不是不喜欢我了。"

大家综合了雯雯与前同事的话,终于弄清楚了原因。原来雯雯太在意别人的肯定,一旦没有人夸她,她就会特别的不自信,没有安全感,以为别人不喜欢她,其实只是她多心了而已。

每个人都需要得到鼓励和赞扬,可是,对于雯雯这样高敏感的人来说,期待别人的赞许并没有错,过于依赖别人的夸赞,就会容易失衡。

做人,一定要学会自我肯定,为自己喝彩。毕竟,只有自己最了解自己内心的期待,偶尔适当地奖励一下自己,更能满足自己成功的喜悦,建立更多的自信。

小时候的我们,在吃药前总是习惯先吃颗糖,或是喝点蜂蜜水,这样再去吃药时,就觉得没有那么苦了。生活也是如此,我们遇到困难,之所以烦恼,是因为对自己缺乏信心。想要摆脱烦恼,就要学会"给自己发个奖杯"。

一个没有自信的人常常会把自己的成功当作一种运气，这种人不会成为真正的成功者。成功者会为了实现目标想尽办法创造条件，遇到困难时，会分析问题，进行新一轮的努力。他们从来不会把成功当作好运。

成功的信念需要成就感来充实，当他们获得成功时，便会赞扬自己，为自己发个奖杯。

认识一位精通世故的长辈，请他做顾问

榜样的力量是非常强大的，通过榜样，使我们拥有无穷的信心和力量，激励我们变成更好的人。正是因此，大家对老师的要求特别高，因为对孩子们而言，老师就是他们的榜样。

交朋友真的很重要，因为朋友能够影响到自己。有些人喜欢不如自己的朋友，相处起来不会有太大压力，也能安慰自己。可是与比自己优秀的朋友结交，能促使我们变得更优秀，多交些优秀的朋友真的很重要。

大学时，同学方明特别"势利"，他只和优秀的人做朋友。

开学没多久，方明买了一套跑步用的装备，每天早上五点半到操场跑步。后来大家才知道，原来是系里有位老师喜欢跑步，方明每天跟在那位老师后面跑步，后来通过每天一起跑步

第三章
心灵疗愈的关键是爱自己

和那位老师越发地熟识了。

有一次,学校有位学长创业成功,因此被学校请回来给同学们演讲,方明在回答问题环节,提了一个非常专业的问题。后来,他还通过某位老师加上那位学长的微信,说想要去学长公司学习,不要工资。学长还记得方明,便同意了他去公司义务帮忙。从此,大家周末打游戏时,方明就跑到学长公司加班。

这样的事情很多,大家私下议论,方明所有的朋友,好像都特别的有用。

那位一起跑步的老师帮助方明去了学生会,还在大学推荐他入了党;学长指导了方明一些专业知识,还带方明认识了很多同专业的"大牛",方明毕业后被他推荐到了一个非常厉害的公司;方明的一个好朋友,教会了方明摄影;方明另外一个朋友是医学专业的,方明认识他以后,连医院都不需要去了。

当然,也许有人觉得方明目的性太强。可是,多与有益的人结交,而最终让自己变得更加优秀,难道不值得我们去学习吗?

我认识一位生意做得很大、很成功的老板,他出身农村,高中辍学后来到城市打工,最后一步步地成为大老板。他常常教育孩子:"多和优秀的人接触,优秀的人之所以优秀,是因为他们的每一个决定都是明智而正确的选择。并且,他们会为了自己的决定而不遗余力地去奋斗,而他们身边的人,往往也同

敏感情绪管理法

样优秀……"

诚然，据我了解，这位大老板的孩子，也非常优秀。

这句话并不像有些人想象的那么庸俗。成长过程中，把有能力的人作为自己的榜样并不可耻。朋友与书籍一样，好的朋友不仅是良伴，亦是良师。

与优秀的人为伍，确实能让自己变得更加优秀。

曾经有个小伙子，小时候特别喜欢棒球明星。所以他观看他们的比赛，收集所有与他们有关的资料，在赛场上，他模仿那些棒球明星，榜样的力量是促使他学习的动力。

长大以后，他又爱上打高尔夫球，迷恋高尔夫球明星，于是他又像小时候那样，观看他们的比赛，向他们学习技巧。

再后来，他向巴菲特、罗杰斯学习投资，通过向偶像们学习，他发挥了自身巨大的潜能。

他就是《富爸爸，穷爸爸》一书的作者——罗伯特·清崎先生，也是当今财商教育的领路人。

漫威电影中的蜘蛛侠，就是因为钢铁侠以及复仇者联盟的英雄们，所以也努力想做一个英雄。他觉得，英雄们能做到，他也能。

第三章
心灵疗愈的关键是爱自己

勇敢的灵魂最美丽

在成长过程中，我们会遇到各种各样的困难，我们会发现，现实和我们想的不一样，于是我们可能会因此悲观绝望，想要逃避。可是，逃避只会让我们越来越懦弱，只有拥有一颗勇敢无畏的心，才能勇敢地面对生活，克服困难。

曾经有位京剧老师，收了两位弟子，一位喜欢唱红脸，他特别喜欢英雄人物；另一位擅长扮白脸，也惟妙惟肖。原本，两人各有所长，大师很是欣慰。

可是突然有一天，老师无意中发现，两位弟子的面貌，比起刚拜师时有了很大的变化。

那位喜欢扮红脸的学生，神清气爽，气宇轩昂，真的似英雄人物一般。

而那位喜欢扮白脸的学生，却越来越丑，一副奸诈小人的神态。

老师不知为何，询问两位学生，两位学生也不知何缘故。直到有一次在路上遇到小偷，那位喜欢扮白脸的学生，拉着老师就要走，装作没有看见；而那位扮红脸的学生，则冲上前，阻止了小偷，并狠狠地训斥了那个小偷。老师在一旁观察，发现扮红脸的学生，像是英雄上身一样，反观另一位学生，也如

敏感情绪管理法
MINGAN QINGXU GUANLIFA

同戏台上的小人一般。

老师这才明白，原来相由心生，这两位学生因为扮演角色不同，喜欢英雄的那个学生有着勇敢的灵魂，另一个却有着懦弱的灵魂。

老师让那位扮白脸的学生跟着另一位学生多唱唱红脸。果然，过了一段时间，唱白脸的那位学生变好看了，人也比从前勇敢了许多！

人人都希望成为勇敢的人，可是成为勇敢的人并没有那么容易。在面对生活的困难时，如果选择逃避，就是一种懦弱的行为。只有学会面对，学会在坚强中找到解决办法，这才是勇敢。

勇敢不是不害怕，勇敢是明明害怕，却还要去冒险、去征服困难。

从前有位智者，他有三个学生。有一天，智者问了学生们一个问题："据说海外有一座小岛，小岛上有一颗珍贵的钻石，看守钻石的是几头凶猛的野兽。如果能获得那颗钻石献给国王的女儿，就能够得到她的青睐，成为国王的女婿。你们会如何？"

第一个学生说："我并不喜欢什么钻石，也不想成为国王的女婿。我的理想是成为一位学者。"

第二个学生说："我不怕困难，无论什么样的危险，我都要把钻石取回来。"

第三章
心灵疗愈的关键是爱自己

第三个学生则犹豫地说:"我也想去取钻石,可是路途遥远,又有凶猛的野兽,险象环生,恐怕还没取到钻石,就没命了。"

听完他们的回答,智者微笑着说:"你们的命运已经很清楚了。老大生性淡泊,不求名利,将来自然难以荣华富贵,但在淡泊之中也会得到许多人的帮助与照顾;老二性格坚定果断,意志刚强,不怕困难,可能会前途无量,也许会成大器;老三性格优柔寡断,凡事犹豫不决,命中注定难成大事。"

每个人因为理想不同,会有不同的选择,可是无论什么样的选择都可能会遇到困难,遇到困难时可以选择逃避,但是,只有遇见困难时勇于面对的人,才能够成为勇敢的人,他们有着最坚强的灵魂!

请享受这无法回避的痛苦

有时候,我们虽然不情愿,但还是要经历一些痛苦。我们无法选择回避痛苦,只能乐观冷静,学会坦然接受痛苦。

量子论之父马克斯·普朗克是19世纪末20世纪前半期德国物理学界的权威,在科学界颇有威望,于1918年获诺贝尔物理学奖。

但是他的人生,却充满了一连串的不幸,他先后经历了妻子去世,以及他与第一任妻子的四个孩子的先后死亡。

对于这些不幸,他却说:"我们没有权力只得到生活给我们的所有好事,不幸是自然状态……生命的价值是由人们的生活方式来决定的,所以人们一而再再而三地回到他们的职责上去工作,去向最亲爱的人表明他们的爱。这爱就像他们自己愿意体验到的那么多。"

然而,不幸并没有结束。

第二次世界大战,不幸的遭遇又一次降临到普朗克的头上。因为飞机轰炸,他的住宅被炸毁,他收藏多年的书籍以及多年来的研究都化为灰烬。可是即便如此,他仍然没有放弃,他继续工作,准备好了他想要进行的关于伪科学问题的新讲演。

直到死亡,他都没有因为任何不幸而选择放弃。

普朗克是令人敬佩的,不仅因为他的学术研究,还有他在面临巨大的悲痛时,仍然以泰然的心态处之的达观,他从来都不曾向生活认输。

任何事情都有它的两面性。

成就能给你带来快乐,也可以给你带来烦恼,不要过分地去追求成功,也不要过分地重视自己的地位,这样你便会过得坦然而自信。

对于高敏感的人来说,坦然是种生存的智慧。

乐观的人远远要比悲观的人更容易得到成功的垂青。我们可以经历无数次失败,但精神上绝不能放弃,只有冷静和坦然,才能赢得最终的胜利,获得属于自己的精彩。

第三章
心灵疗愈的关键是爱自己

负面思考是给自己找麻烦

虽然我们大家都知道,有负面情绪是件非常糟糕的事情,但我们无法控制自己的负面情绪,特别是高敏感的人。

出门时,如果所有的路口都要等一次红灯,高敏感的人便会开始抱怨,为什么偏偏今天大老板要主持开会,自己遇到这么多的红灯?这种负面情绪,会被我们带到工作上面。到了公司开会,高敏感的人又发现,同事们汇报工作的时候大老板都面带微笑,等到自己汇报工作时,他却神情严肃。于是,高敏感的人会想,是不是老板对自己不满意?

于是这一整天,高敏感的人都在负面情绪中度过。

开会结束后,高敏感的人请办公室文员帮自己打印一份文件。可是,办公室文员却说等会儿要帮另一位同事打印资料,并问他,如果不着急的话,下午帮他打印好不好。高敏感的人会非常生气,他认为办公室文员在暗示自己的工作并不着急。

高敏感的人要出去见客户,同事知道以后告诉他,客户今天有事,让他不要去。高敏感的人昨天已经跟客户约好时间,便没有听同事的劝告,堵了好几次车,花了两个多小时跑到客户公司,发现客户有事,客户的助理恰好忘记通知他。高敏感的人突然想起同事的劝告,觉得可能是同事抢了自己的客户,客户才故意对自己闭门不见的。

敏感情绪管理法
MINGAN QINGXU GUANLIFA

已经到了中午饭的时间，高敏感的人去餐厅吃饭，可是服务员给他下错单子了，厨师为他做了一份他最讨厌的咖喱鸡饭。高敏感的人会觉得自己为什么这么不顺，每个人都与自己作对。他指责服务员故意给他下错单，因为很久以前，他因为服务员上菜慢投诉过服务员一次，他认为服务员是在报复他。

种种这些，都是因为高敏感的人受负面情绪影响所认为的，事实上呢？

事实上，老板在他汇报工作时神情严肃，是被他的工作报告所吸引，发现了他的才华，在思考要不要把他提为业务部主管。

办公室文员因为要在上午完成领导交代的工作，怕浪费他的时间，所以提前告诉他，下午才能帮他打印。

同事提醒他客户可能有事，只是因为同事无意中得知，这个客户的孩子与自己的孩子在同一所学校，而今天上午，他们学校临时通知要开家长会，每一位家长都得到场。这位同事因为要偷溜过去，不方便对他说明，只是担心他跑那么远还被放鸽子。

他的客户真的是临时接到通知要开家长会，让助理通知他，可是助理中间接了一个紧急的工作电话以后，忘记了。

餐厅服务员真的是下错单，为了表示歉意，他帮高敏感的人重新下了订单，并为他免单。

客户得知助理忘记通知他，亲自给他打电话道歉，主动告诉他，自己对他的方案非常满意，第二天可以签合同。

第三章
心灵疗愈的关键是爱自己

直到此刻,他才发现,今天并没有那么糟糕,相反,还很幸运。只是因为等了好几个红灯,让他这一天,都在负面情绪中度过,让本来就敏感的他,更加敏感。

负面情绪会给人们带来巨大的危害,会使人们在遭遇挫折或是不愉快的事情时感到绝望,深陷于负面情绪中,无法自拔。对于高敏感的人来说,在遇到问题时,要积极乐观,才不会被负面情绪影响到,从而保持良好的状态。

第四章

根本不必敏感，该求人时就求人

高敏感的人，在求助前总是很纠结，一怕给别人添麻烦，二怕被别人拒绝，丢了面子。其实你的内心完全不必这么脆弱，大部分人都很乐于顺手帮忙的，如果真的很让对方为难，被拒绝了也没关系，最多自己来动手。

无须患得患失,该求助时就求助

日常工作中,大家总是抗拒领导与同事的帮忙,以为这样便能够证明自己的能力。可是,请求领导或者同事帮忙,询问反馈和意见,更能够说明你很努力地在好好工作,并能体现你的谦虚。大家都喜欢积极爱学的新同事。

徐明是新来的业务主任,到了陌生的岗位,徐明需要学习的业务有很多,有时下属有问题来询问他,他就要花费大量时间搜寻各种资料来解答。其实徐明知道,自己完全可以去问一下其他同事,问题解决得会更方便和快捷,自己也不用这么忙碌。但徐明担心自己刚刚来到这个单位就向同事寻求太多的帮助,会让大家质疑他的工作能力。

你一定会认为徐明的担心是正常的,因为几乎所有人都认为独立完成工作会让人觉得更有能力。但徐明不寻求同事的帮助其实是种资源浪费,事实上同事们都很希望其他人向他们寻求专业上的帮助。如果徐明在一些琐事上浪费太多时间,就无法腾出时间来进行别的更紧急和重要的工作。要知道,与同事迅速建立关系的最好办法,便是适度求助。

当遇到自己无法解决的工作问题时,适度求助是一种迅速

第四章
根本不必敏感，该求人时就求人

解决工作难题的明智选择。毕竟，能够主动承认自己的短板，合理安排自己无法掌控的事情，才更能体现一个人的大局观。其实，向别人求助，也许会暴露自己的缺点，让人产生挫败感，但能够主动承认自己的不完美，让自己变得接地气，或许会让人觉得更亲近。

要时刻提醒自己，适度求助也是一种迅速熟络的社交手段。有些人总是不好意思麻烦别人，害怕被人拒绝，但事实上，有许多人就特别热爱帮助"弱小"的人，他们很乐意以人生导师的身份帮助一些能力不够的人。因此，高敏感的人，便会利用弱者的身份向"强者"求助，反而获得意想不到的成功。

在一次培训课上，讲师为大家分享了一个故事。

讲师曾经在一家公司负责债务工作，他们部门有三个人，他是最会说话的那一个，但他却不是业务最好的那一个。业务最好的是一个瘦小的中年大姐。

讲师一直不知道这是为何，因为这个大姐看上去并不是很善言谈，和人说话总是唯唯诺诺的。

后来有一次，讲师负责的一笔债务比较麻烦，这笔债务涉及了好几个人，他用尽了各种办法，都无法讨还债务。可是，那位大姐只用了几天，就搞定了那笔债务。讲师实在忍不住，便向她求教。

原来，大姐发现，这笔债务是五个人合伙做生意时的共同债务，所以谁都不愿意第一个偿还。但是大姐注意到，虽然这

敏感情绪管理法
MINGAN QINGXU GUANLIFA

是五个人共同的债务，但有一个人债务最多，其他几人也表示过，如果这个人还钱，他们也会还钱。讲师也注意到了这点，所以他一直在这个债务最多的人身上寻求突破点。

可是大姐并没有，她直接寻找了债务第二多的那个人，她坐在那个人经常散步的公园道路旁流泪，那人经过时，问她需不需要帮助。她把事情跟债务第二多的人讲了讲，并表示她不知道该怎么办。

那个人坐在一旁帮她分析，债务最多的那个人特别注重对孩子的教育，每周日下午，他都会带着自己的孩子去福利院做志愿者。债务第二多的人归还了债务，并告诉她，如果自己归还债务，债务最多的那个人肯定也会归还债务。

周日下午，大姐在福利院见到了债务最多的那个人，她说明了自己的来意，并告知他，债务第二多的先生已经结清了自己的债务。果然，债务最多的那个人听完之后，答应归还自己的那部分债务。另外三个人听说以后，也很快归还了自己的债务。

大姐特别聪明，当她发现讲师在第一个人身上用了各种办法都没有成功，她便意识到她应该换一条路。她选择了最善良的第二个人，她用自己的哭声求得第二个人的帮助，并使他主动归还了债务。

软弱、无助、求助……这些并不是"没面子"，相反，还可以是办事时的"秘密武器"。尤其是女性，更没有必要为了争一口气或是证明自己的能力而让自己累得精疲力竭。太过独立

第四章
根本不必敏感，该求人时就求人

坚强的你会让人敬而远之，需要帮忙的时候不要紧闭尊口。

高敏感的人，在求助前总是很纠结，一怕给别人添麻烦，二怕被别人拒绝，丢了面子。其实你的心理完全不必这么脆弱。大部分人都是很乐于顺手帮忙的，如果真的很让对方为难，被拒绝了也没关系，最多自己来动手。

李慧想要开个店，但是她没有什么经验，特别是装修店面，让她很是头疼。她很想让她的大学同学刘倩帮她，因为刘倩是个设计师，最近恰好辞职，还没有找新的工作。李慧想着，如果刘倩能够帮助自己设计，那就太好了。

但是李慧一直很犹豫，她不太喜欢麻烦别人。让刘倩从一个城市飞到另一个城市，帮自己干活，刘倩会不会拒绝自己，觉得自己事太多？她为此做了一星期的心理斗争，终于鼓起勇气给刘倩发信息。

第一条："刘倩，我有件事想拜托你帮个忙，好吗？"

第二条："我想开个小店，可是我对装修不太懂，你能不能到这里帮我设计一下？"

第三条："如果你不方便的话，直接说就行，没关系的。"

第四条："其实我也可不好意思了，觉得太麻烦你了。"

李慧发了好几条信息后，开始后悔，觉得自己不该直接问刘倩能不能帮忙，应该先问刘倩有没有空，要是没空就太尴尬了。

正在李慧紧张地东想西想时，刘倩回了信息："好呀好呀，我正好想出去散散心，就当旅游了。还有人管我食宿，多好！"

直到此时，李慧心中的一块石头才落了地，原来事情就这么简单。

很多时候，设想别人不会帮忙是种很无用的事情，需要求助便去求助，被拒绝也没有什么。很多障碍，都是自己给自己设立的，想太多而已。

如果你真的懂得求人的艺术，就知道求人也可以举一反三地来应用。你有求于对方时，一开始就说："如果你不方便直接拒绝就行"之类的话，那么，对方就很可能拒绝你的要求，因为你表现得并不是很需要帮助。

遇到难处时要会求人，不用"不好意思"

天有不测风云，人生在世难免会遇到这样或那样的难处，单靠自己的力量总有些迈不过去的坎。俗话说，"一个好汉三个帮，一个篱笆三个桩"，你就算浑身是铁，又能打几颗钉呢？无论你是社会名流还是市井之人，是公司老板还是打工仔，是资深学者还是没毕业的学生，单靠自己的努力和打拼终究是无法在社会上生存的。

赵航还在上学时，有一次在商店买东西忘记了带钱，于是

第四章
根本不必敏感，该求人时就求人

给某个同学打电话，想求他过来帮忙先把钱付了。可那个同学却借故拒绝，不愿意帮忙，结果弄得柜台前的赵航手足无措，很没面子。从那以后，他不仅跟那个同学绝了交，还暗自发誓：不管以后遇到什么情况，绝不会再去求别人。

工作以后的赵航凡事都是亲力亲为，从不求助于他人。有时做公司的业务报告，因为不求人，他宁愿自己熬上几个通宵；有时出去开会忘了带文件，其实只要让在公司的同事给他发个电子邮件就能搞定，可他宁愿赶很远的路自己回来取。

有一次，赵航的母亲病了，赵航送她住进了医院。但因为医院病床紧张，不得不让老人家暂时住在临时病房。正在赵航去给母亲办理住院手续时，遇到了自己的一个小学同学，这位同学已经是这家医院的主治医师。其实赵航早就知道这件事，可他并不想去麻烦人家。当同学知道事情的原委之后，一个劲地责怪他："你为什么不早点和我说？虽然我们医院病床紧张，但我可以把伯母介绍到兄弟医院去治疗，那里的治疗条件也非常好，何必要住在临时病房呢？"同学的话，让赵航也有点后悔。

那几天赵航每天都很辛苦，白天上班，晚上还要在医院陪床。因为前一天母亲做了一个大手术，赵航又是一整夜没合眼，早上走进公司时，只觉得天旋地转，而更让他感到意外的是，他的办公桌被收拾得干干净净，连一件待办的工作都没有。正在他疑惑时，一个同事惊讶地说："赵航，你怎么来上班了？你虽然没和大家说，但是我们都知道你母亲住院的事了。听说昨天又做了个大手术，你肯定又陪了个通宵，所以大家今天主动把你的工作分掉了,想让你好好休息一下。你怎么还来上班呢?"

同事的话让赵航很感动,他还没来得及说感谢,就被领导叫进了办公室。

"小赵,这可就是你的不对了。"领导很严肃地批评他,"大家既是同事,也是朋友,家里有什么困难直接说就是了,何必不好意思开口。我和其他几个经理商量过了,决定放你几天假,在医院好好照顾母亲,另外也要注意自己的身体。"

当赵航走在回家的路上时,心里既感到温暖,又有些惭愧:"如果我早些找大家帮忙,是不是我根本不必如此折磨自己呢?"

在生活中,有很多人像赵航一样,即便身陷困境,也不愿开口找别人帮忙,总觉得自己屈尊去求别人帮助是一种耻辱。之所以会有这样的想法,就是因为他们的顾虑太多,总是担心自己的请求会遭到别人的拒绝,让自己没了面子下不了台。因此,为了不让自己难堪,只好选择三缄其口,不得不去做些费力不讨好的事。

古时候,周文王和刘备这样的王孙贵胄尚可屈尊访贤,而生活在当代的普通人,遇到难处请人帮忙又有什么可丢人的呢?所以,问题的关键不是我们该不该请别人帮忙,而是该如何找人帮忙,既不让自己难堪,还能让人家心甘情愿出手相助。

曾经,有这样一个故事:

第四章
根本不必敏感，该求人时就求人

一个大户人家的大小姐因故到外地逃难，因为没了口粮，不得不去乞讨。可她觉得自己身份尊贵，不能做此下贱之事，于是就让婢女独自去乞讨。可婢女每天费尽周折讨回来的饭，大小姐总是觉得不够吃。她觉得婢女身份低微，办事能力也不尽如人意，于是就决定和她一起去讨饭。后来，她们主仆二人来到一户人家门前，大小姐叩开了人家的房门，毫不客气地对主人说："我是隔壁村李大官人家的女儿，我家以前可算得上是家财万贯，但因遭了难沦落至此，不然也不会到你这小户人家讨口饭吃。如果你今日助我渡过难关，待来日必十倍偿还。"主人听了这话，直接把门关上了。

由此可见，我们请求别人帮助时要讲究方式方法。

首先，要摆正心态，不要过分担心被别人拒绝。别人帮忙则是情分，不帮则是本分，所以帮或不帮都在情理之中，不必过分强求，也不要因为被拒绝而感到难堪或记恨在心。

其次，要放低姿态。古人云，将求于人，则先下之。礼之善物也。所以请人帮忙就要先以大礼相待，放下架子和身段，多说客气话，多表现出自己的谦恭，甚至要以自贬身价的方式来打动对方。

最后，要感情投资，互惠互利。找人帮忙就免不了给人家添麻烦。那么就不妨在求人帮忙之前，适度表示一下自己的诚意和感激，请人家吃个饭或是送点礼物。如果自己的条件不允许，那么事后也不要忘了人家助你的这份情谊，当对方有难之时也应不遗余力倾力相助，"知恩图报"说的就是这

73

个道理。

小说《三个火枪手》里有句名言:"人人为我,我为人人。"人生在世不可能不求人,也不可能不去助人。人与人之间的相求互助,是我们克服困难走向成功的必备条件。一个人能力再强,地位再高,如果仅凭一己之力,势必会步履维艰,寸步难行。所以有求于人时不必不好意思,只要懂得如何开口,那么得到别人的帮助其实并非难事。

如果被拒绝,先检讨下自己

《红楼梦》中曾经说过:"世事洞明皆学问,人情练达即文章。"那么如何才能洞明世事,练达人情呢?最起码要掌握"察言观色"这一基本技巧。

很多时候,事情能不能顺利办成,全在"说话"上。需要注意的是,我们一定要看准讲话的对象,弄清对方的意图是什么,然后再结合自己的需要说出合适的话。这并不难,只要平时增进和别人的了解,在你们中间营造良好的氛围,赢得对方的欢心,就能让你们的距离迅速拉近,从陌生人变成熟人,从熟人变成亲密的朋友,只要"功夫"做到位了,接下来,即使不用开口,也可以帮助你打开局面,达到预想的效果。

第四章
根本不必敏感，该求人时就求人

实际上，机会是留给有准备的人，尤其是给随时准备"厚着脸皮"的人准备的。在这方面，"矜持"或者"害羞"只会起到相反的作用，很多高敏感的人都不愿意当面顺着他人说话，或者是心里想到了，表面上却做不出来，这是心理上必须跨越的一个"障碍"。

当你和对方交谈时，就可以把"自己"的角色放在一边，从对方的角度来考虑，谈论对方熟悉和关心的话题，并且视具体情况灵活应变。想想看吧，只要你掌握其中的诀窍，把胆子放大些，把话说得好听些，说到别人的心坎上，如果这一炮能够"打响"，就能迅速和对方融洽、热烈的交谈，有了个好的开头，就不怕没有好的结果。

汉斯是个很不成功的推销员，他的不成功，不在于他的说话技巧，而在于他的工作性质。他的任务是推销一种太阳能发电设备，这种设备价格比较昂贵，使用的人也不多，但只要卖出去一套，利润就很高。因此，虽然屡次失败，汉斯却毫不气馁，他深信他一定能发掘出使用他的设备的客户来。

有一天，汉斯要去一家看起来很富有、很整洁的农舍推销。外表看上去，这家农舍是具备一定财力的，也许会成为他的客户。远远的，汉斯就听到农场里有鸡的叫声。在农场门口，汉斯又看到一捆捆的饲料正在不停地运进去。汉斯知道，这肯定是一家比较大型的养鸡场。

汉斯敲了敲门，一个白发苍苍的老太太过来开了门。汉斯说自己是来推销的，没想到老太太二话没说，直接把门关上了。

敏感情绪管理法
MINGAN QINGXU GUANLIFA

第二天,汉斯又去敲门,前一天开门的那个老太太将门打开了一条小缝,见又是汉斯,又想把门关紧。汉斯赶紧声明:"太太,很对不起,我是附近一家饭店的,我想向您买些鸡。"

老太太一听是来买鸡的,脸色好看了些,门也开得大多了。汉斯接着说:"我们饭店为了找到品种优良的鸡,找了好多个地方。我听很多当地居民推荐,您这里的鸡是饲养得最好的,我能参观一下吗?"老太太一听汉斯说鸡的事,顿时眉开眼笑,马上把门打开了。

汉斯趁这个机会和老太太拉起了家常,得知老太太的儿子女儿都在市里工作,这个农场目前只有她一个人照管。汉斯和老太太在农场里到处转悠,汉斯不停地夸奖老太太的鸡养得好,他们变得很亲近,几乎无话不谈。汉斯故意在不经意间谈起,在某些地方,养鸡场都是利用各种先进设备来自动养殖、收集粪便,等等,这样鸡生长的环境比较好,所以长得普遍都比较健康。老太太表示赞同,同时很遗憾地表示,这个地区工业比较落后,还在依靠手动来处理养鸡场的事宜,确实比较麻烦。汉斯告诉老太太,在北部地区,很多地方采用了发电设备来养鸡,有套设备可以按时为鸡调制饲料,这样的鸡个头比一般的要大三分之一,老太太认真地听着汉斯对用电设备的介绍,颇为心动。

两个星期后,汉斯所在公司收到了老太太的订单,过不多久,老太太所在地申请此设备者接连不断,光在这个地区,汉斯就超额完成了订单任务。

第四章
根本不必敏感，该求人时就求人

怎样说话是一门大学问，怎样通过说话达成自己的目标更是一门大大的学问。许多人都不用心去把握良好的时机，从而造成难以弥补的遗憾。在张嘴之前细思量还是很有必要的，至少能够让我们做到心中有数，不打无准备之仗，给自己留点余地。从对方的言行举止当中去揣度对方的心情、性格、品位、甚至喜好，然后再适当地优化自己的语言，以便在迎合对方心理的同时，也获得对方的好感。只要你肯用心，善加利用，让别人自愿帮助我们也不是什么难事。

比如说，有个人特别擅长找人借钱，每次当他找上门的时候，都不是急于开口，而是先东拉西扯一些别的话题，从人家的反应中考虑现在是不是提出要求的时机，看看会不会遭到对方直接拒绝，如果对方一直不在状态，他就会等到下次有机会再开口。这样，对方一般都不会拒绝他。如果他也像大部分借钱的人那样，总是开门见山地开口借钱，又不多花心思琢磨对方的心理，恐怕早就被对方找各种理由给搪塞了。

所以，如果被拒绝，先不要抱怨对方，先检讨检讨自己，看看自己为了得到对方的帮助，曾经做出过什么努力，自己有没有努力地去了解对方，探究对方的真实心理，并对症下药。如果没有，那就怨不得别人了，如果你不改变，以后照样还是会一次次被别人拒绝的。

想办法成为"自己人"

在日常交往中,每个人对于自己不熟悉的人,自然而然会产生一种排斥心理,而对自己较为熟悉的人则会另眼看待,俗称"自己人",而且会走得近一些。所谓的"自己人",不一定要有过硬的关系或深厚的交情,老乡、同学、同事等共处于同一团体或同一组织的人都可以归入这个圈子。正是因为大家都对"自己人"感到格外亲近和信任,面对"自己人"时,什么都好商量,对于"外人",情况就完全不同了。所以,人际交往的关键之处,就在于从"外人"到"自己人"的转变。要想让他人喜欢自己,首先就要在某方面让他人觉得你和他是相似的,是"自己人"。

所谓的"自己人"其实不过是一种交际手段。只要你能在交谈中打动对方,让对方认为你和他在同一阵营,他就会把你当成"自己人",就会比较快、比较容易地接受你。如果你说的话不入耳,听起来不舒服,即使你确实是"自己人",他也会本能地加以抵制。例如,有的人喜欢电影,如果他发现身边有一个也对电影感兴趣的人,双方就会在电影的问题上多聊一些,从而发现更多的兴趣共同点。

乔·吉拉德是一家著名的汽车公司的销售员,平日里口

第四章
根本不必敏感，该求人时就求人

才不错，和同事们相处得也很好。但是奇怪的是，好口才的乔·吉拉德的业绩却不怎么样，经常推销失败，这让他非常纳闷。

有一天，他的一个朋友给他介绍了一位客户，这位客户想看看他们公司销售的最新款汽车。乔·吉拉德一心想做成这笔生意，就非常卖力地推销着。客户在精心地挑选自己喜欢的款式的时候，乔·吉拉德就在他身旁不停地介绍每个款式的各种功能，还不时打断客户，告诉他："您选的这款车其实性能并不怎么样，我们来看看别的吧。"之后客户又挑选自己喜欢的颜色，乔·吉拉德就竭力为他讲解各种颜色的不同效果，并认为客户选的那款车的颜色太过老气，不适合他那个年龄段。

客户对乔·吉拉德喋喋不休的讲解有些不耐烦，因为每当自己看上一款车，乔·吉拉德就一个劲地否定他的选择，他连插话的机会都没有。

有时候，客户想转换话题，谈谈别的，都被乔·吉拉德挡回去了。见自己实在没有开口的机会，客户无奈地走了。

客户前脚刚走，乔·吉拉德就接到了那个朋友打来的电话，对方埋怨他道："你怎么搞的，我给你介绍来的那个客户是真心实意要来买车的，被你这笨小子给搅黄了。那个客户说，他选什么车，你都在否定，你是怎么做生意的啊？"

乔·吉拉德仔细回想了自己的言行，觉得自己确实在某些方面做得太过分了。他马上打电话给那个客户道歉，请他再来看一看车，自己一定认真接待。

等客户再次来时，乔·吉拉德一早就在汽车店门口迎接，对客户满面堆笑道:"欢迎您再次光临,这次,咱们看些什么车呢?"

这个"咱们"叫得很亲切,客户听了很舒服。于是,在乔·吉拉德的陪伴下,客户挑选了一辆灰色的车,乔·吉拉德笑道:"您真有眼光,这辆车是我们这里销售最好的一款车,我也特别喜欢。前段时间我介绍我哥也买了一辆,它既可以商用,也适合全家人一起出游,他非常喜欢。"

客户笑道:"是吗?看来我们眼光很一致啊,你哥也是做生意的吧?因为要经常见客户,所以要考虑商用和家用两种功能。"

乔·吉拉德道:"是啊,我哥长年累月在外面跑业务,买的车太差了肯定不行,我给他推荐的这款车,他特别满意。这样吧,我给您介绍一下几种不同的配置,看看哪种更适合您使用。"

最终,乔·吉拉德顺利地做成了这笔生意。

乔·吉拉德这次得到客户的好感,有两个原因:一是他对客户说话时使用了"自己人"的语气,二是他和客户同时喜欢这款车。乔·吉拉德得到客户好感的秘密就在于是以"自己人"的视角对待客户,因为每个人都喜欢和"自己人"合作,也喜欢听"自己人"的劝告。如果在交往中,你懂得和别人站在同一立场上去看问题,以己度人,平等对待,为对方着想,对方才会觉得你重视他、支持他、认可他,那么对方也会将你当成"自己人",这样才会对你产生信任感,你的建议就容易

第四章
根本不必敏感，该求人时就求人

被接受。另外说话时多用"咱们""我们"等词语，"你""你们"不说为佳。

在我们的交际圈里，"自己人效应"同样存在，要让你周围的朋友认为你是"自己人"，就要放下"架子"和"面子"，真诚地对待别人，从对方的观点来考虑问题，获得对方的信任。

每个人都有自己的"身份认同"，倘若两个交往的人的身份有了变化，那么这两个人在心态上也会有所变化。若是两个打交道的人地位和背景等相差比较悬殊，那么这会影响到他们的心理。这时候，要拉近距离，就必须采用合适的方式，让对方解除戒备，特别是地位较高的一方，不能自持清高，等着人家来和你套交情，那样的话，两人之间的距离就会越来越远。交往中，我们应当尽量使用"自己人"的语气，与对方平等相处，让彼此的心理距离缩短。如果在交往中摆出居高临下的态度，让对方觉得你们不是一个"阶层"的人，那么对方就会退避三舍。而恰到好处的"自己人"语气，可以解除对方的心理防备。

徐磊毕业于国内一所著名高校，又在国外一所大学拿到了硕士文凭。他学的是煤矿专业，于是，他一心想去国内著名的煤矿公司。幸运的是，他如愿以偿地被录用了。他原本想，凭借自己的学历，做好工作不成问题。没想到，实际工作中，他却遇上了麻烦。

煤矿公司的员工，高学历的人才很少，公司的很多技师并不重视他，甚至有点看不起他，认为他的脑子里只有一大堆没有用的理论，只是个文绉绉的工程师而已。

敏感情绪管理法
MINGAN QINGXU GUANLIFA

这天,徐磊远远地看到技师们围在一起玩"斗地主",他也想凑上去和大家一起玩,顺便拉近一下距离。没想到大家一看到他过来,马上就把牌局收了,嘴里还说道:"这是我们闲了没事干的人才玩的东西,可不能让大硕士沾染上这些不正之风。"

聪明的徐磊听了不但没有生气,反而故作神秘,悄悄地对技师说:"其实,你们都不知道我有个秘密。"技师们一听,马上都看着他,徐磊笑嘻嘻地说,"其实,我上了三年硕士,并没有学到什么东西,反而是斗地主,倒学成了一等一的高手呢!"

技师们一听,哈哈大笑,马上有人主动邀请徐磊加入,和他们一起玩。这样,一来二去,徐磊很快和大家混熟了,他的工作也进展得顺利了。

技师们对徐磊的抵制,是由于徐磊的高学历让他们感到有压力,所以敬而远之。这时候,徐磊是比较被动的。面对技师们的嘲笑,徐磊几句亲密的话,瞬间就拉近他和技师们的距离,让技师们知道他不过是个普通人而已。这增进了他们之间的默契,把徐磊当成"自己人"了。

在社交中,人与人之间总会存在因身份或地位的差异而产生的壁垒,面对这种情况时,一定要摆正自己的位置,放平心态。不管你的身份有多高贵,都要平等对待别人,这样才能为对方着想,对方也会将你当成"自己人"。在这种情况下,你只需简单的几句贴心话,就可以抓住对方的心,使对方产生"我们是一类人"的感觉。于是,原本心理的防御堡垒也会轰然倒下,使得对方在不知不觉中接受你。

第四章
根本不必敏感，该求人时就求人

"厚着脸皮"有时很管用

很多人都希望"万事不求人"，但是高敏感的人恰恰相反，他们清楚每个人的能力都是有限的，求人也是在所难免。但是，为什么大家都怕求人呢？俗话说"求人矮三分"，无论和对方关系如何亲近，只要你张口求人，就感觉比别人矮了一截，因为你有求于他，地位上也无法完全平等。因此，人们一般不到万不得已是不愿求人的，"上山擒虎易，开口求人难"，说的就是这个道理。

要想顺利地得到别人的帮助，这"求"的过程是必不可少的。也许你在家里是一家之长，在公司，手下还有几个"小兵"，没事你也爱摆摆"架子"，要耍威风。可是，这个"架子"也只能窝在屋里摆摆，因为你总会沦落到"求人"的时候，到时候若是还抱着原有的"面子"观念不放，高高在上，弯不下腰，转不了身，不分场合地乱摆"架子"，这只会让对方看笑话，反而误了你的事。

也许有人会说，我不放下身份求人，照样能让别人为我办事，道理是这个道理，但我们不应该只看眼前的利益，而要看得长远，难道你还能一辈子"不求人"吗？这一次人家轻易答应你，下一回呢？下下回呢？所以，求人是早晚的事。在求人的过程中，首先就必须克服自身"爱面子"的固有心理，放下你的矜持、面子等等，"厚着"脸皮，力求对方能给你必要的帮助。

在"求人"的时候，首先应该搞清双方的身份，把自己放在"求"的地位上，再根据这种差别选择合适的方法、手段来打动对方。这时候，你的举动，说的话，甚至脸上的表情，都要与自己这时"求人"的身份相吻合。如狼是非常机灵的动物，虽然它的运动能力和跳跃能力都要大大超过它的猎物，但是它在捕食时，会夹着尾巴，俯下身来，紧盯着猎物的一举一动，寻找最佳时机。

小杨刚从大学毕业，因就业形势不佳，想先随便找个工作先干着，"骑驴找马"，总比在家里吃闲饭强。正好他有个表哥在一所高校的人事部门工作，小杨就想通过这位表哥，先在学校谋个临时工的差事。学校的临时工虽然是编外人员，但工作轻闲，还有寒暑假，也算个不错的选择了。

小杨平时和表哥关系非常不错，在他看来，只要自己一开口，表哥是肯定会帮自己这个忙的。于是，他来到表哥的办公室，当时办公室里还有几个工作人员，小杨自认为和表哥关系熟稔，也没管那么多，直截了当地跟表哥提出自己的想法，然后笑眯眯地看着表哥，等待他的同意。没想到，表哥一口拒绝了，对小杨说："现在学校的经费紧张，已经大大超编了……"总之，说了一堆拒绝的理由。小杨乘兴而来，却败兴而归。

回去之后，小杨跟爸爸抱怨了一通，说表哥多么不通情理。

第四章
根本不必敏感，该求人时就求人

没想到爸爸并没有向着小杨，还把他批评了一顿："你怎么那么傻！也不看看场合，哪有你这么求人办事的？还当着别的工作人员的面，你这不是让你表哥为难嘛？这样吧，你再跟你表哥联系联系。"

小杨不好意思地道："表哥都已经拒绝了，我再找他，脸皮也太厚了吧。"

爸爸道："你啊，还是没走进社会，脸皮太薄，求人本来就是个脸皮上的事，都像你这么爱面子，谁也办不成事。你明天在饭店订一桌，请你表哥吃饭，再跟他谈谈这事。记住，态度要好一点，别整得像是别人求你一样。"

第二天，小杨请表哥出来吃饭。在饭桌上，他一直给表哥敬酒，喝得差不多了，就把自己的实际想法告诉了表哥，请表哥无论如何都要帮自己这个忙。表哥笑着说："昨天不是我不帮你，是场合不对，那么多外人在那里，我要是答应你了，不就让别人觉得我这太好走后门了？我们学校的图书馆里正缺临时工，我去后勤部帮你打声招呼，你明天来上班吧！先好好干，转正的事情以后我们再想办法。"

为什么同一件事，同一个人，说话不同，就会有两种截然不同的效果？其实，就在于这个"态度"上。有的人没有眼力，不愿意放下架子，不懂得根据对方的身份和自己的处境适当地组织语言，所以，无形中只会惹怒对方。要想让对方爽快地答应帮忙，就要厚着脸皮，把自己摆在"求"的位置上，懂得察言观色。正如李宗吾先生所说："起初的脸皮，好像一张纸,由分而寸,由尺而丈,就厚如城墙了。"很多时候,我们求人办事遭拒绝,不是败在别的地方,正是败在我们的大大咧咧、没有眼力见儿上。办事能力是社会能力的重要一方面,能不能办成自己要办的事,就看我们的社交能力如何。很多人对自己的身份很珍视,他们是这样想的:因为我身份高贵,所以我做那种事很丢人。而优越感越强的人,自我限制也越厉害,但是,越是这样爱惜"面子",越会把路越走越窄,最终让自己无路可走。

在这个世界上,"厚着脸皮"有时候并不是贬义词,反而是一种难得的品质。往往就是这样的人,容易得到别人的帮助,因为他们懂得自己需要什么,能够放下自己的身段,在说话做事之前观察对方的脸色,注意自己的举止,从对方的言行当中去揣度对方的心情、性格、品味,甚至喜好,然后再适当地斟酌自己的语言,努力做到迎合对方的喜好。高敏感的人从来不会在求人的时候顾及面子,如果思前想后,别说是那些压根就不愿意帮助我们的人了,就是那些愿意给我们提供帮助的人,恐怕也会因为我们的畏畏缩缩而拒绝我们。

第四章
根本不必敏感，该求人时就求人

遵守"投之以桃，报之以李"的交际原则

身处现代社会，我们在进行人际交往的时候，要懂得互惠互利。互相帮忙，有来有往，如果只求回报，不讲付出，那么你肯定不会有好人缘。

说到底，人际交往在本质上是一个能力和资源交换的过程，也就是以事换事的过程。由于受传统观念的影响，很多人不愿意将人际交往和交换联系起来，觉得交换太庸俗了。可是，我们在人际交往中是无法避免交换的，交换并不是非要去交换资源或者物质，也可以是彼此之间交换某种想法。例如，你想要让别人帮你设计一个方案，而刚好，你能够帮对方解决业务上的难题。

在生活中不乏这样的现象：我们在求别人办事时，对方并不情愿为我们白忙，他希望我们也能帮他做些事情，有的甚至希望在他为我们办事之前，我们得先为他办成事。

冯明和徐朗是从小玩到大的好友。因为徐朗所在的单位部门正好是冯明公司的大客户，所以平时冯明总请徐朗照顾他的公司。徐朗也很够意思，从来没有拒绝过冯明的请求。

有一次，徐朗单位又要采购一批原料，冯明只给徐朗发了条微信，打了声招呼，觉得肯定没问题。

敏感情绪管理法
MINGAN QINGXU GUANLIFA

可是后来,冯明从别的渠道听说,这次徐朗答应把单子给了另一家公司。冯明慌忙去打听,听说最近徐朗家里遇到些事情,另一家公司的老总听说以后,帮忙处理了。徐朗为了表示感谢,便把单子给了那家公司。

冯明后悔不已,因为他也能帮忙处理,但是他压根就不知道这回事。平时他觉得自己和徐朗关系很好,所以徐朗不提条件,自己也忽略了徐朗的想法,这次徐朗遇到困难,自己竟然都不知道,活该自己丢订单。

在世俗的社会里,人们都讲究以事换事,某些事该不该为你办,首先看你能不能帮他办事,或者有帮他办事的潜力,到时能为他所用。关系有时候就是一笔人情债。尽管人情债无法精明地计算,但是你也要心中有数。

如果你求别人帮的忙是一件双赢的事,那对方也乐意帮忙。如果对方什么也得不到,而你却一个人"吃独食",对方就会在心理上失衡。

在人际交往的过程中,必须有一定的利益驱动,在享受好处的时候,你也要想着分给别人一些,这样别人觉得你够义气,才会把你当成朋友。

第五章

正确地表达情绪，控制内心的灾难小剧场

英国权威心理学家柯利切尔认为：积贮的烦闷忧郁就像一种势能，若不释放出来，就会像定时炸弹一样，埋伏在心间，一旦触发就会酿成大祸。若及时加以发泄或倾诉，便可少生病，保健康。

将压抑"说"出体外

人们长时间无法排泄压力、烦恼，便会产生焦虑、抑郁的情绪，所以人们要懂得排解压力。所谓将压抑"说"出体外，指的就是倾诉，就是将自己的喜怒哀乐，尤其是怒和哀，毫无保留地倾吐出来。这是一种感情的排遣，也是一种心理调节术。

心理学家研究发现，抑郁、焦虑、敏感的人，很容易生病，性格开朗、自信的人很少生病。通常，高敏感的人很容易因为压力过大，心理负担过重，从而患上各种疾病。心理学认为：遇到压力时，能够倾诉出来，便会如释重负，缓解一些压力。因为这种心理上的应激反应，可以使内心的感情和外界刺激取得平衡，这就是现代心理学中所说的"心理呕吐"。

倾诉是缓解压抑情绪、释放压力非常有效的手段，还是防治各种疾病，尤其是防治心血管病和肿瘤的良药。善于倾诉的人，心理往往更趋于健康。

只是选择倾诉的时候，一定要找对人，如果对方对你倾诉的内容不感兴趣、不关心、不理解，你想获得心理安慰的希望也就落空了，不但原有的问题没能解决，反而更加糟糕。高敏感的人就不会轻易把自己的秘密告诉别人，他会考虑"安全隐患"，他会担心某一天倾听者会把他的事情当作茶余饭后的谈资公布于众。

第五章
正确地表达情绪，控制内心的灾难小剧场

于雪和男友吵架以后，特别难过，也很痛苦，于是她向同事倾诉。可是她的同事当时因为工作不太顺利，不但没能好好安慰她，还说她就是工作太闲了，才天天患得患失的闹小情绪。于雪听后，也觉得自己太矫情，便不好意思再向别人倾诉了。可是因为无法发泄，她和男友经常吵架，最终男友选择和她分手。于雪绝望之下，有了抑郁症的倾向。

类似的感情经历很多人都碰到过。于雪的倾诉不仅没能起到缓解伤痛的作用，反而让她越加苦恼了，其重要的原因就在于，她没有选择好倾诉的对象。并不是所有人都可以成为倾诉对象的，如果她选对了倾诉对象，结果就完全不一样了。那么，我们该如何选择倾诉对象呢？

第一，此人必须是值得信赖的，能够为你保密，不会做你的"义务宣传员"。

第二，此人可以对你的倾诉内容不作任何评价，仅仅为你提供一个包容的环境，做一个宽容的听众，他会认真地听你说话，无论你说出怎样的想法，他都认为是可以接受和理解的，这就会让你有一种安全感，可以自由地表达自己的想法，说不定还会引起你自己的思考，有利于你换一个角度看问题。

第三，此人会给你一些真诚的鼓励，比如"没事的，有我在呢""不要怕，没有你想得那么难""别多想了，爱你的人还有很多""千万别这么想，这种困难很快就会过去的""再坚持一下，也许过了今天就会好点"，这些看似简单的话，在倾诉者心里能起到意想不到的积极作用。

第四，此人也可以帮你分析产生不良情绪的原因，换一个新的角度来看待你痛苦的经历，并提供一些积极的观点，进而和你一起找出解决问题的办法，这样你的情绪就能得到有效的调节，你也会从中得到成长。

第五，最有效又安全的倾诉对象，就是心理医生。为患者保守秘密是心理医生的职业道德。高敏感的人更倾向于选择心理医生为倾诉对象，因为他们能从专业的角度给你一些指导。在心理咨询时，医生大部分时间都在听。患者在宣泄完情绪后，病情就缓解了一大半，此时医生再适当地进行一些暗示和引导，病情就会缓解很多。

倾诉也需要注意时机，切不可只顾自己，即便崩溃的时候，也要顾及对方的感受，先问对方"我想吐槽，有没有时间？"得到对方的同意后，再开始宣泄自己的情绪。而且，要懂得感恩，这样大家才更愿意帮助你。

如果需要就哭出来

人在痛苦时都会有哭的感情冲动，其实这是正常的情绪反应。但有些人碍于面子往往压抑自己，强忍着不哭出来。其实，这种强忍着不哭出来的做法，会给身体带来不良的后果。

第五章
正确地表达情绪，控制内心的灾难小剧场

成年人都是在心里默默流泪，假装坚强，但是这样，反而容易憋出病来。特别是对于高敏感的人来说，他们的负面情绪一旦无法得到好的宣泄与释放，便会积压在心底，焦虑、抑郁，甚至恶化成某种疾病。想哭时，自然地哭出来，对身体有很多好处。

我们常常劝小孩子不要哭，因为他们的泪水会冲掉喜悦；我们劝说成年人一定要哭出来，因为他们的眼泪能够带走体内负面的情绪，减轻心理压力。哭过的人会发现，大哭一场后，心情反而会舒坦很多。

小薇遇到烦恼就会哭，大家都觉得她不够坚强，劝她：遇到问题时，光哭是解决不了问题的。她告诉大家，她从前也不爱哭，心情不好的时候不知道如何发泄出来，就憋在心里，独自难过。可是后来有一段时间，她胸口特别痛，去医院检查时医生劝她不要心思太重。

小薇回去后也尝试心情放轻松，不给自己太大压力。但是，总有情绪崩溃的时候，没办法，她又去看医生。

这次是个年龄比较大的医生，他听完小薇的话后，想了想，对小薇说："既然你无法忍住心情不好，那也不要忍住你的泪水了，想哭的时候就哭出来吧！"

小薇不知道为什么，继续看着医生。

医生耐心地对她说："人出生就会哭，可见，哭是人的天性。当我们悲伤难过时，身体内部就会分泌出一种有害物质，这种物质包含在泪水当中，可以随着眼泪排出体内。但

敏感情绪管理法
MINGAN QINGXU GUANLIFA

如果我们强忍着眼泪不哭出来,这种有害物质排不出去,就会损害身体健康。如果我们无法不难过,那我们至少不要憋着不哭。"

小薇回去后试了试,发现大哭一场之后,心情会比哭之前舒畅很多。

从那以后,小薇想哭的时候,便会哭出来,不会再憋回去。她发现,虽然痛哭无法解决问题,但是能够缓解崩溃的情绪,让她轻松很多。

而且,小薇说,学会哭了以后,她的皮肤也好了很多。以前着急上**火**时就会满脸长痘,现在都不长痘了。

由此可见,哭虽然不能从根本上解决问题,但是适当的哭泣可以缓解崩溃的情绪,消除积蓄已久的压力或悲伤。

高敏感的人因为能感受到普通人忽略的微妙事物,因此更容易受到刺激,也更容易流泪。但高敏感的人特别注重别人的看法,不愿意在外人面前流泪。高敏感的人可以选择独自一人的时候痛哭,只要哭出来,就好。

不哭有很多的害处,哭有很多的好处。如果需要,就痛快地哭出来吧!

哭能缓解负面情绪,保护我们的身体,使心理得到放松,还可以舒畅脾肺,排解痛苦。但凡事不可过度,哭也一样。偶尔的哭泣能够缓解负面情绪,排解忧愁,但经常哭,也会让人沉浸在一种负面情绪中无法自拔。《红楼梦》中的林黛玉,就是太过于多愁善感,本来身体就不好,整日哭哭啼啼,使她的病

第五章
正确地表达情绪，控制内心的灾难小剧场

情更加严重。所以，可以哭，但不能用哭解决所有问题，否则只会有害而无益。

借助想象转移注意力

能够摧毁一个人的并不是他的生活环境，而是他的心。如果他的心永远阳光，那他也将永远阳光。

有一位军人，他因为战败被关押在战俘营中八年。八年里，他都被蒙着眼关在一个地窖式的牢房里，他独自一人被囚禁着，没有人审问他，也没有人和他说话，除了每天送饭菜时的一双手，他甚至没有见过人。他是一名足球爱好者，但他的牢房很小，连跑几步都不能。八年后，他被解救了出来，让人惊讶的是，他竟然还能踢球，比起经常练习球赛的老球友们，他甚至比他们更棒。此外，他的身体状况也比八年前更好。这让大家都很好奇，大家都想知道他是怎么做到的。

原来，这八年里，他为了改变被囚禁的郁闷心情，想出了一种特殊的减压方法。刚开始时，他也非常绝望，一度想要自杀。但后来他清醒地意识到，他必须活下去，好好地活下去，可是如果每天只躺在牢房中，会崩溃的，于是他就假装自己并没有在牢房里，而是在家乡，他一生最美好回忆的地方。

敏感情绪管理法
MINGAN QINGXU GUANLIFA

他选择了自己最喜欢的足球，他们球队每周要踢四次球，他并不是主力，但在他的想象里，他是他们球队的主力，他要带领他的球队进球。他想象着自己穿着球服，躲避着对方球队的围堵，终于进球了！他能够听到大家的欢呼声，能够闻到青青草地的味道。他喜欢旅游，但是因为打仗的缘故，很多地方他都没有去过，他想起了自己看过的书，哪些风景他还没有去看过，他想和自己的女朋友去看，所以他要征求女朋友家人的同意。他去女朋友家里，女朋友的父亲会请他喝几杯好酒，告诉他女朋友童年时有多可爱。他和女朋友出发前，准备了一大包的牛肉，那是他母亲为他们准备的，他的母亲在他们出发前，告诉他们，她很爱他们。他们翻越了高山，看了大海，也因为突然倾盆而下的大雨浇湿他们的衣服，但很快太阳就出来了。

这八年，他假装去过很多地方，也假装认识了很多有趣的人。所以，他活了下来，还活得很好。他是真的活得很好。

想象能够让人转移注意力，建立希望，现在，更多地被人用在催眠方面。催眠师在遇到压力比较大的患者时，一般会让患者想象待在自己喜欢的环境中，如温暖的阳光，躺在青青的草地上，抬头能够看见天边的云，不远处有泉水叮咚，溪水潺潺……以此让患者放松精神，舒缓压力。

这招还可以用在工作方面，比如我们不喜欢的工作，我们可以把它想象成是一份特别有趣的工作，我们很喜欢这份工作。

有一个职员，对工作很麻木，每天把工作当成"讨厌的任

第五章

正确地表达情绪，控制内心的灾难小剧场

务",有一天,公司老板坚持要她把一份商业计划书重做一遍。她非常生气,但为了不失去这份工作她还是去做了,心理的烦躁使她越来越不能安心工作,于是她想起朋友对她的劝告"假装喜欢你的工作你就会很快乐",她按照此方法做了。接着她有了一个重大的发现,当她"假装"喜欢自己的工作,并把它当成一件有意思的事情去做的时候,她竟然真的平静了很多,而且还越发认真起来,工作速度也明显加快了,原来的那种疲劳、紧张和烦躁的心绪也完全消失了。

我们生活在这个世界上,不可能事事如意,当我们无力改变既成事实时,就试着放飞自己的思想吧!展开你想象的翅膀,让你的思绪随风飞扬,用正面的"想象"激发你的潜能。想象自己做快乐的事,想象自己是个快乐的人,你的心情会因此轻松起来,你的压力也会减轻。

想好事，好事才会降临

你只有选择乐观的生活态度,那么你的生活才会很快乐。微笑能够为人带来好运,人们常说,爱笑的人运气都不会太差。

黄海明是个与众不同的人,他好像从来没有什么烦恼,心

敏感情绪管理法
MINGAN QINGXU GUANLIFA

情总是很好,而且总是对事物保持乐观的态度。

他的口头禅永远都是:"我很快乐。"

他是一名售后经理,每天都要面对一大堆的投诉与反馈。但他是一个独特的经理,因为无论他换什么公司,他手下的客服都跟着他跳槽。他天生就是个鼓舞者。

如果哪天,谁的心情不好,黄海明和他聊聊天,那个人的心情便会转阴为晴。

黄海明的生活态度让很多人不理解。有一天,黄海明的一个同事问他:"虽然我们每个人都知道乐观很好,但是很多时候,生活里都是乱七八糟的烦恼,乐观是没有用的啊。"

黄海明答道:"是啊,生活总会有各种状况,还有很多事是解决不了的,可是每天早上我一醒来就对自己说:黄海明,你今天有两种选择,你可以选择心情愉快,也可以选择心情不好。我选择心情愉快。"

人生有时就是一种选择。正像我们无法选择工作,但可以选择处理工作的方法,可以选择对待工作的态度一样,改变不了天气,难道就不能改变自己的心情吗?

没有人能够永远平安无事、无忧无虑。在生活当中,我们会遇到各种的挫折难题,生活不可能永远尽如人意。快乐是一种心态,不因环境改变而改变。心中住着快乐的人,看见糟糕的生活,也会觉得这没什么。只是角度不同罢了。

假期的时候,你本来约好和朋友去旅游,可是出发前,

第五章
正确地表达情绪，控制内心的灾难小剧场

朋友临时失约，于是你抱怨朋友不靠谱。但是，你与其抱怨朋友失约，倒不如继续出发，享受一个人的旅行，也许旅行中你会遇到很有趣的人。同一个问题，思考的角度不同，就会给你带来不同的心情。你愿意选择什么呢？

台湾著名漫画家蔡志忠说："如果拿橘子比喻人生，一种是大而酸的，另一种是小而甜的。一些人拿到大的会抱怨酸，拿到甜的会抱怨小；而有些人拿到小的就会庆幸它是甜的，拿到酸的就会感谢它是大的。当我们不知事情该如何进展下去时，也许，换个角度思考问题，问题就会迎刃而解。"

若你每天的发心，都是愿众生欢喜，你自己也会解脱。从烦恼的人到解脱的人，其间只不过是一步而已。

减少猜疑，才能远离祸患

中国古代有一个"疑邻窃斧"的故事：

讲的是农夫找不到斧子的时候，就认为是邻居偷走了他的斧子。

于是他观察了邻居的行为，发现确实可疑。他走路的样子像，说话的样子也像，农夫觉得，邻居长的特别像偷他斧子的。他越看邻居手里拿的斧子，越像自己的斧子。

敏感情绪管理法
MINGAN QINGXU GUANLIFA

正当他想去找邻居要回自己的斧子时,他突然发现,自己的斧子是砍柴的时候忘记拿回来,丢到砍柴的地方了。他觉得不好意思,就去找邻居,这才发现邻居的斧子和自己的斧子并不一样。而且,邻居走路的样子也不像偷了斧子的了,说话的样子也不像了。

农夫的行为就属于无端猜疑。

敏感很好,对外界事物随时保持警惕是很有必要,但是人们总喜欢为自己的猜测寻找借口,下意识地去猜疑别人,就有些过分了。

刘雯雯和她老公罗睿原本是同事关系。罗睿是一个非常上进、非常好强的男人,他长得高大威猛、英俊挺拔,在公司里颇有女人缘。很多女同事都对他暗许芳心,可是他唯独喜欢刘雯雯一人。

最终,他们在众人羡慕的目光中,走入了婚姻殿堂。

两人都是从外地来到深圳的,那么想要在深圳扎根发展,买房就成了刚需。

刘雯雯加上罗睿每个月有三万多的薪水,但是在房价居高不下的深圳,这点薪水想要置办房产是很困难的。他们把各自之前攒下的一点积蓄全部拿了出来,加上从亲戚朋友处东拼西凑,筹到了六十万元,终于凑齐了一套两居室的首付。即使如此,每个月还掉房贷后,日子过得也是紧巴巴的。

罗睿觉得长此以往不是办法,他选择了跳槽。因为能力出众,原本在公司里担任区域销售经理的他,跳槽后,摇身一变,

第五章

正确地表达情绪，控制内心的灾难小剧场

成了新公司的大区销售总监。不到两年时间，他的年薪就超过百万元。

罗睿的工作性质，需要他经常全国各地出差，基本上只有周末才能回家。两个人长期处于聚少离多的状态。虽然房子早就换成大三居了，物质条件也越来越丰厚，可他们的身心却都感觉很疲惫。两人交流得越来越少，经常三言两语后，便闹得不欢而散。刘雯雯担心罗睿外面有人了。

一次，罗睿半夜下飞机回到家，他见刘雯雯已经睡下，便蹑手蹑脚走到卧室，然后脱了衣服去洗澡。

殊不知，刘雯雯并没有真正地睡着。

她起床悄悄打开罗睿的行李箱，没翻出什么线索，又偷偷拿起床头柜上罗睿的手机，试图寻找出一些蛛丝马迹。正在刘雯雯翻着罗睿手机之时，罗睿从洗手间走了出来，便看见刘雯雯手忙脚乱，慌乱中将他的手机掉落在了地上，他明白刘雯雯是在怀疑他。

他有些生气，从地上捡起手机，说："以后没经过我的允许，不要随便动我的东西！"

刘雯雯不甘示弱："你是不是在外面有女人？"

罗睿因为这次出差谈判受挫，心情正在谷底，也懒得解释，随口回击道："是啊，既然你是这么想我的，那看来我不去找一个都对不起你的猜忌！"说完，就穿着睡衣去客房睡了，留下刘雯雯一个人躺在主卧的床上流眼泪。

当你开始怀疑别人的时候，不妨先将怀疑的原因列出来，

而不是陷入了怀疑结论当中，那样会牵绊你的思维，让你误以为猜疑是对的。如"疑邻窃斧"中的那个农夫，丢失斧头后，如果他能冷静地想一想，斧头是不是遗忘在哪里，或者仔细地寻找一下，而不是贸然下结论，以为是邻居所偷。现实生活中也有很多这样的猜疑，大部分原因，都是由于主观上的武断，他们会为自己的猜疑寻找迹象。

反之，如果你被别人猜疑，请不要在意对方的闲言碎语，如果情况适宜的话，建议主动解释一下，如果对方坚持猜疑，那就索性任对方猜疑，时间总能够使人认清真相。

没有人永远不会被误会，被误会不重要，重要的是，如果别人误会我们，我们应该如何让对方解除对我们的误会。更重要的是，我们不应该惧怕别人误会，因为误会总有解开的那一天。

很多负面情绪都源自我们的"童年阴影"

大部分人都会在某些时候，或者是某个时间段，烦躁易怒，爱发脾气。有些人以为，这是一种心理疾病，但其实，这可能是我们的一些"阴影"所造成的后遗症。

很多时候，我们会发现，让我们特别愤怒或伤心的都是一些小事，而且好像只有我们才能够感觉到，在别人眼中，我们

第五章

正确地表达情绪，控制内心的灾难小剧场

有些大惊小怪，甚至无理取闹。

刘梅有些产后抑郁，经常因为一些很小的事情崩溃。她自己也意识到自己的问题，就去看了心理医生。心理医生劝她，无论遇到什么事都不要过分激动。

有一次，她和老公带着孩子去婴幼儿游泳馆游泳。去的时候，她发现又忘记了给孩子带干净的换洗衣服，她打算让老公回家去拿，但她又想到上次老公拿回来的衣服孩子根本就无法穿，于是她决定让老公在这里陪着孩子，自己到家里去取衣服。

等她从家中取回衣服回来以后，老远就听到自己孩子的哭声，她的火气瞬间上来了，老公连孩子都看不好，让孩子哭这么大声，觉得老公特别没有用，什么忙都帮不上。

一时间，她站在门口差点哭出来。

就在她眼泪都要流出来时，她想起心理医生告诉她，无论遇到什么事都不要过分激动，要心平气和。

她想，可能是孩子饿了，又或者是孩子有些想妈妈了。

这样想着，她心情平复了很多，等她走进去之后，才知道，原来哭的是另一位小朋友，根本不是自己的孩子。

她想，幸好她没有生气地冲进来和老公吵架，要不多尴尬。

刘梅也因此想了很多，好像很多时候，都是自己把事情想严重了，事实上，根本就没什么事。

后来，刘梅的产后抑郁也好转了许多，人也温和了。

因为过去的一点小事，刘梅总会忍不住条件反应，是因为

过去的阴影让刘梅无法轻松下来，一旦出现风吹草动，便会开始回忆乱七八糟的事，让坏情绪也影响着我们的正常生活，这都是因为我们过去的感受所造成的心理阴影。

大部分人都有童年阴影，即使过去很多年，大家已经遗忘了那些糟糕、不堪的状况，但是，我们总是无法避开童年阴影，即使我们已经非常优秀，非常强大，但是一旦出现类似于从前的状况，我们便会知道，我们还是从前的我们，我们依然很怕，什么都没有变。

孟小雨小的时候是在奶奶家长大的，因为妈妈和奶奶不和，所以奶奶天天在她面前骂她妈妈不管她，骂她像她妈妈一样。后来她回到妈妈身边，以为终于脱离了噩梦，没想到妈妈也不喜欢她，觉得她现在和奶奶特别像，都不爱笑，性格古怪。

无论小雨怎么听话，学习成绩如何优秀，妈妈都不喜欢她，只喜欢妹妹。

长大后，小雨在一家上市公司工作，年薪百万，很多人都喜欢她，但她仍然觉得大家都不喜欢她，她并不相信别人的喜欢。她也一直没有恋爱，她妹妹家的孩子已经上幼儿园了，她却连男朋友都没有。

因为童年时没有人爱她，所以哪怕她长大后变得特别优秀，有很多人喜欢她，她也无法获得自信。

童年阴影的影响真的很大。家庭中的排行、学校生活、当

第五章
正确地表达情绪，控制内心的灾难小剧场

时的文化和历史背景，都会产生深远影响。其中最重要的是父母对孩子的态度，以及由此形成的家庭氛围，它几乎造就了孩子一生幸福的基础。年龄越小，伤害就越严重，那是在成长中养成的性格，是很难摆脱的。

很多人缺乏安全感，正是如此。缺乏安全感的人，为自己竖起了一块"闲人勿近"的牌子，不允许别人靠近自己，害怕被伤害。

而没有安全感的人，在处理亲密关系上就会出现两种极端：要么对分离产生焦虑，牢牢地把爱人绑在身边，在对方身上找到心理需要；要么害怕与人建立亲密关系，对与人分离表现得出奇地冷漠和决然。

所以，选择忘记很重要，忘记那些痛苦，也忘记那些噩梦，重新开始新的生活。如果无法忘记，那么请不要逃避，一定要坚强面对，要不然，这些阴影会永远缠绕着你，令你窒息。

有一位患者曾经说自己的故事，她小时候父亲很早去世，母亲也改嫁，是爷爷奶奶抚养她和弟弟长大。因为家里特别穷，所以，大家都喜欢欺负她和弟弟。为了不让弟弟受欺负，她变得特别厉害，曾把一个爱欺负弟弟的男孩打翻在地。她自己决不受气，也保护身边的人不受欺负。

岁月流转，时代变迁。她自己也渐渐长大、结婚、生子。因为她的童年阴影，她害怕孩子与别的小朋友在一起时受欺负，就不肯让孩子出去和别的小朋友玩。就算是和亲戚朋友家的孩子玩，她也一定要守在旁边，怕别的小朋友欺负自己的孩子。

敏感情绪管理法
MINGAN QINGXU GUANLIFA

有一次，她去幼儿园接孩子，看到孩子和几个小朋友玩游戏，有个小朋友把自己的孩子推翻了，她没办法控制自己的脾气，冲上前，严厉训斥了那几个小朋友，让他们不许欺负自己的孩子。小朋友都被她的样子吓哭了，孩子也跟着哭了起来，之后好长一段时间都不敢跟她说话。

她意识到这是因为自己的童年阴影，去找心理医生治疗了一段时间。后来，她终于能够接受她的孩子与别的孩子在一起玩，而不担心孩子会被欺负。因为有一次，她发现她的孩子并不像她小时候那样敏感，她的孩子很开朗，与小朋友发生争执也不会放在心上。

很多人都有"童年阴影"，如果你对自己的生活还算满意，就可以这么顺理成章地过下去，可如果你总是不快乐，或总是在某些方面不快乐，就需要反思了，假如需要，还可以找个心理医生帮你观照一下自己。

生活是轻松的，不要与自己较劲。情绪不佳时，不要忙着自责或者抑制自己的感受，倒不如顺其自然。我们没必要活得过于完美，只要人生是快乐的，其他一切都不重要。

练习题：音乐精神减压

音乐的精神减压放松练习与通常意义上的听音乐、音乐欣赏是有很大区别的。通常人们在聆听音乐时是处于清醒的理智

第五章

正确地表达情绪，控制内心的灾难小剧场

状态，一些人会在听音乐的同时聊天、看书、思考问题、想心事或者跳舞，他们的注意力并不在音乐本身，只是把它当作一个烘托气氛的背景。还有一些人虽然注意力全部集中在音乐上，专注和陶醉于音乐之中，但他们是把音乐作为一个审美的客体，或者说是一个欣赏的对象，并不是把自己内心世界的体验与音乐融为一体，因此音乐对他们的精神和生理的影响是非常有限的。换句话说，由于人们处于清醒状态，音乐对生理和精神深层的作用多半被人的意识过滤掉了。

音乐精神减压放松不是简单地听听音乐，放松放松，而是在一种被称为"转换状态"的意识状态（一种游离于意识和潜意识之间的状态）中，自由发挥自己的想象力，体验自我生命的美感和内心世界丰富的想象力和创造力，使身体和精神深度放松，达到释放或缓解压力的目的。

在这种练习中，音乐可以引发丰富的视觉想象，包括色彩感、形象感、运动感甚至触觉和味觉的感受。人在音乐中自由联想，深刻体验大自然和生命的美感，产生心理上的"高峰体验"。经过一段时间的这种练习，可能会最终改变你的日常心理状态，使它经常地处于一种良好和积极的状态之中。

进行音乐精神减压放松，进入"转换状态"，通常是需要经过治疗师的语言引导和暗示来达到的，但也可经过自我暗示达到。气功、瑜伽、心理学行为学派的肌肉渐进放松训练、催眠治疗、打坐等都可以帮助达到放松状态。在身体放松后，就可以选择乐曲进入音乐想象了。让音乐引导你的情绪和思想，让想象力自由和充分地发挥，体会心中各种最美好的感受。当想象完成之后，则要引导自己一步步回到现实和日常的意识状态中来。

推荐作品

一、有关草地的音乐联想推荐作品

贝多芬：《第六交响曲》第二乐章

戴留斯：《孟春初闻杜鹃啼》

拉威尔：《达夫尼斯与克罗尔》第二乐章

鲍罗廷：《在中亚西亚草原上》

二、有关高山的音乐联想推荐作品

勃拉姆斯：《第二交响曲》第二乐章

德彪西：《夜曲》

格罗夫：《大峡谷》组曲中的"日出"

马勒：《第四交响曲》

三、有关溪水的音乐联想推荐作品

贝多芬：《第九交响曲》第三乐章

雷斯皮基：《罗马的松树》第二乐章

斯美塔那：《伏尔塔瓦河》

四、有关大海的音乐联想推荐作品

德彪西：《大海》第一部分

艾尔加：《谜语变奏曲》第八、第九段

雷斯皮基：《罗马的松树》第四乐章

五、让自己拥有安全感的音乐联想推荐作品

肖斯塔科维奇：《第二钢琴协奏曲》小行板

卡林尼科夫：《第二交响曲》行板

第五章
正确地表达情绪，控制内心的灾难小剧场

拉赫玛尼诺夫：《第二交响曲》柔板

贝多芬：《第五钢琴协奏曲》第二乐章

六、可作为音乐想象的其他作品

贝多芬：《小提琴协奏曲》小广板

贝多芬：《第九交响曲》极慢板

勃拉姆斯：《小提琴协奏曲》柔板

巴赫：《双小提琴协奏曲》广板

丹第：《法国山歌交响曲》第一乐章

雷斯皮基：《罗马的松树》第三乐章

马斯奈：《第七管弦乐组曲》

肖邦：《第一钢琴协奏曲》浪漫曲

瓦格纳：《罗恩格林》第一幕序曲

鲍罗廷：《第一交响曲》行板

勃拉姆斯：《第三交响曲》稍快的小快板

勃拉姆斯：《第二钢琴协奏曲》行板

拉赫玛尼诺夫：《第二钢琴协奏曲》第二乐章

第六章

高敏感族的断舍离

很多敏感的人，起初叫喊着不将就，到后来却摆手说"算了算了"，继续过窝囊的、卑微的人生而不敢拒绝，因为他们觉得拒绝的成本太高。

敏感情绪管理法
MINGAN QINGXU GUANLIFA

不委屈自己，也不伤害别人

有人认为，所谓层次高的人也是情商高的人，这个说法不无道理，一个情商高的人，会明白一味地取悦和过于坚决地拒绝都会让对方不舒服，只有用最折中的方式，才能做到既不委屈自己也不伤害别人。

徐世鹏做着一些小生意，平时收入不错，但是由于压款比较严重，所以平时也有点拮据。有一天，他当兵时候的战友李智给他打电话，说买房子想找他借钱。徐世鹏有些为难，自己刚刚付出一笔货款，手头确实没有多少钱，何况李智买房子需要用的时间长一些，自己做生意平时需要流动资金也比较多。

但是，老战友的交情使徐世鹏无法拒绝，徐世鹏想了想，对李智说："非常感谢你的信任，在需要的时候能够想起我，可是我刚刚才付了一笔货款，而且压款也比较厉害，如果你不着急，我最近催一下账款，再借给你。"

对于这种对方着急有事相求，但是我们确实在短时间内没有办法提供帮助的时候，以上的回答方式是比较妥当的。需要注意的是，拒绝的时候一定要考虑到对方的实际情况和他当时

第六章
高敏感族的断舍离

的心情,言辞要坦诚合乎情理,以免对方误会。

露露因为家中有事必须请一段时间的假,可是不巧的是,这段时间她正在准备和某位重要客户签约的事情,此时对手公司也在使用各种伎俩来争取这位大客户,可谓正是工作的关键时刻。然而家中的事情实在不能耽搁,自己此时又无法分身,她觉得很无奈。

露露突然想到了同事莉莎,平时就跟她关系不错,对方能力也挺强,这件事她一定拿得下来。于是便决定开口去请求她帮着维护一下这位客户,并跟他签约。

莉莎心里很想帮她,但是最近自己的哥哥出了车祸,她要一边照顾哥哥,一边处理工作上的事情,每天单位、医院两头跑,实在是分身乏术。而现在,自己的好友还要给自己安排这么重要的事情,莉莎一下子不知道如何是好。

思索再三,莉莎决定拒绝露露,她坦诚地跟露露讲:"亲爱的,我家里最近出了很大的事情,我的哥哥出了车祸,家里没有其他人可以去照顾他,只有我了。我知道你的事情也很重要,但我实在是爱莫能助,要不跟领导提一下吧,可能他会有更好的安排。"

听了莉莎的话,露露很理解她,也很同情她哥哥的状况,于是同意了她的建议,将这个客户交给自己的领导让其自行处理。这样做,好友不用为难,自己也不会耽误工作,两全其美。

人与人之间是对等的,谁也不亏欠谁。

在拒绝他人的时候，有些人总是畏畏缩缩，态度不够坚决，明明自己无法办到的事情，却不明确告知对方。这样的拒绝方式，会让别人觉得还有回旋的余地，进而与你继续纠缠。

而高敏感的人，他们的拒绝一定是理由充分，态度坚决，不给对方留下任何余地，在顾及对方感受的前提下，理直气壮地把拒绝说出口，同时，又让对方感受到被照顾，这才是最佳最完美的方式。

其实做到这种高层次的拒绝并不难，很多拒绝无法说出口都是因为一时找不到充分的理由，没有一个好的理由，你的拒绝就没有底气、没有力量，当然不能被别人理解和体谅。

一个充分的理由，不仅能解决自己的困境，还能照顾到对方的情面和感受，不至于让拒绝显得生硬而死板，没有人情味。

那么，什么样的理由才是充分且合理的，怎样拒绝才能让别人不觉得尴尬呢？

首先，真诚表达自己的意愿。

其次，要站在对方的角度考虑问题，比如我们可以这样来拒绝上司安排的额外任务："老板，我知道最近公司事儿多，您也花费了很多精力。但是这件事确实不是我的能力所能办到的，我做不好，既会耽误时间，又会带来损失。"

第六章
高敏感族的断舍离

你是不是经常讨好他人？

你手上的工作加班都不一定能干完，但你还是答应了同事帮他整理份材料。

你点了一份外卖，可是等了一个多小时还没送过来，你觉得外卖师傅太辛苦，所以你饿着肚子还要提前确认。

你国庆长假只想在家追剧，却陪着朋友去旅游，其实你很讨厌游乐场。

你的同事喜欢你，朋友喜欢你，陌生人也很喜欢你，你周围的所有人都喜欢你。可是你却不喜欢你自己。

对于高敏感的人来说，他们能够很容易感受到别人的需求，也能够很容易就讨好到别人，这是他们的天赋，可是过分讨好别人，其实是一种病。

苏岩是单位里最受欢迎的人，大家都特别喜欢她。再不开心的人，只要和她聊上几句，就会眉开眼笑；再挑剔的人，也都说不出她任何不好，所有人都称赞她很善良，就连对陌生人也都有求必应。

她和婆婆的关系特别好，两人经常一起逛街，别人都觉得她们像母女一样。女儿学习也好，平时也很听话。老公对她也好，工资卡都是直接让她保管。

敏感情绪管理法
MINGAN QINGXU GUANLIFA

可是,苏岩有一次聚餐喝醉酒,抱着闺蜜吐槽,说她真的很疲惫,她特别讨厌自己有时心情也很糟糕,却还要温和地劝解别人。她说,她从小就想做一个善良的人,所以她想对所有人好。可是渐渐地,她觉得好像哪里不太对,有时候对于一些不合理的请求,她明明是想说不的,但是她总是无法拒绝别人。她觉得拒绝别人是一件特别不好的事,她也担心,如果她拒绝别人,别人就不喜欢她了。

苏岩特别担心如果自己拒绝别人,别人就不喜欢她了。久而久之,她已经习惯了去答应别人任何要求。就算她想拒绝,也说不出"不"字,苏岩就是传说中的"老好人"。她已经无法意识到别人对她的请求是否合理,所以她不敢拒绝,也不会拒绝。

不懂拒绝,通常是因为曾经有过被拒绝的经历,所以,尽自己努力不去做那个拒绝别人的人,也希望有一天,别人不会拒绝自己。但是,你不拒绝别人,别人就不会拒绝你吗?

有一天,苏岩临时接到周六下午加班的通知,但那天下午她要去给女儿开家长会。

这时她想到了小刘,她经常替小刘加班,于是她给小刘打电话,希望小刘能替她加个班。但是,小刘却说自己周六有事,拒绝了她。她不得不让老公去为女儿开家长会,自己跑到单位加班。

而她晚上,却在朋友圈刷到小刘在家追了一天的剧。

还有一次,领导让苏岩订一批办公用品,苏岩打电话给供货商,让供货商送,供货商说刚好有事,问能不能第二天来送。

第六章
高敏感族的断舍离

苏岩同意了，但再三叮嘱供货商第二天一定要送到，因为第二天着急要用。

第二天苏岩去别的单位开会，忘记了办公用品的事情。

结果，第三天苏岩上班，一进办公室就被领导训斥了，原来前一天晚上，单位着急出一批文件，但是A4纸都用完了。苏岩打电话一问，原来供货商忘记了。而且供货商并不以为然，他还觉得苏岩没有催促自己，晚送一天应该没什么事情。

所以，苏岩就特别崩溃，觉得自己对别人的好，并没有换来别人对她的好。

苏岩就是过分在意别人的看法，其实，回应别人的需求并没有错，但不能为此违背自身意愿。

因为爱别人前，首先要爱自己。你希望别人礼貌地对待你，尊重你，首先就要向别人明确你的原则、底线以及为人处世的方式方法，让别人对你有一个心理预期。可以说，决定别人如何对待我们的关键因素恰恰是我们自己。

成就感和尊严，给你拒绝的快乐

但凡是一个有素质的人，都认为对于那些你所讨厌的人，用不着和他们针锋相对。可是，高敏感的人却认为，比针锋

敏感情绪管理法
MINGAN QINGXU GUANLIFA

相对更不可取的是强颜欢笑，为的只是不愿意彼此撕破脸，从而失了面子。这不仅委屈了自己，甚至还会让自己丢了尊严和原则。

有一家公司，接到一笔大的订单。

在签订合同前，订货商到公司调研，全公司的人都在为订货商的到来忙活。订货商是一名态度傲慢的女人，她一副上帝的模样，对公司的员工们百般挑剔。

订货商参观流水线时，不屑地说，自己去别的公司调研时，看到的生产线要比他们专业一百倍。

虽然大家听了之后很是不满，但是还是赔着笑脸为订货商一一介绍。

可是订货商仍然不满意，好像公司上下，没有任何能让她满意的地方。就连喝茶时，她也指责泡茶的女秘书不懂茶艺。

一天下来，所有员工都被订货商挑剔得垂头丧气，想到一旦签了合同，他们未来半年的时间都要为这位挑剔的订货商服务，大家心里都说不出来的憋屈，他们甚至暗暗期望订货商对他们并不满意，拒绝签合同。

虽然订货商挑了一天问题，但最后她还是要求签订合同，她说："我就是想帮扶一下微小企业。"

老板却拒绝了签订合同的要求，他只是对着所有员工鞠了个躬，说："谢谢大家今天的努力，但是，我决定不接受这笔订单。"

订货商气呼呼地走掉以后，同事们问老板为什么不签合同，老板只说了一句话："不能委屈自己，不能没有尊严。"

第六章
高敏感族的断舍离

虽然公司因此损失了一笔大订单，但是，这件事传了出去，很多人称赞老板非常有原则，不能因为是上帝，就能够毫无底线。公司员工对老板更加忠诚了，工作也更起劲了，更好的是，有别的订货商听到这事以后，觉得公司敢拒绝这么大的订单，一定非常有实力，纷纷表示合作，公司因此获得了更多的订单。

我们因为违反了自己做人的原则而拒绝别人，这份拒绝的底气来自我对尊严的坚持，与实力无关，就像一个人层次和修养的高低与他有多能干也无关是一个道理。但我们也必须承认，实力足够强大，确实可以免去拒绝带来的一些后顾之忧。

小方和小李在同一家公司上班，公司的待遇非常好。

小方平时喜欢旅游，他给自己定的目标是每年要出去旅游三次以上，而且平时小方的爱好也很多，打台球，看电影，还喜欢约朋友喝酒。

小李却比较抠门，平时喜欢各种的"撸羊毛"，还研究股票以及各种理财。

小方天天笑话小李过得斤斤计较，一点都不潇洒，还要拉小李和自己一同见识一下花花世界。

谁也没想到，公司突然换了新领导，新领导要缩减开支，同时找到了小方和小李，通知他们要降工资。

该肯定是不符合规矩的，小方和小李都不同意，但领导也很坚决，如果不同意降薪，那么就予以辞退。

小方这些年一直都是月光族，还有房贷要还，哪敢辞职，工资虽然低了，但也比辞退好啊。

小李一直都在炒股，平均下来，炒股赚的钱比工资还要高，现在也算是小有积蓄。他果断地选择了拿解约金走人，辞职以后，他找到一份比原来更好的工作。

之所以小李敢辞职，小方不敢辞职，主要原因是小方没有足够坚实的经济基础，没有底气，辞职以后生活会充满了不稳定。但小李就不同了，小李有底气辞职，所以他也能保持尊严。

不答应无法兑现的事

不要轻易地承诺别人，答应别人的事情，一定要办到，承诺的事情办不到，还不如提前拒绝。

小李在银行的信贷部门工作。他的好朋友想创业需要贷款，问他能不能帮忙。小李看到别人贷款都很容易，又觉得朋友是第一次找他帮忙，满口答应。

可是当他拿到朋友的贷款材料时，却发现朋友并不太符合贷款要求。而他毕竟刚参加工作不久，还没有在部门说话的资历。可是此时，朋友已经租好门面，请好员工，等着贷款审批

第六章
高敏感族的断舍离

营业呢。

当他告诉朋友无法贷款时,朋友非常生气,认为小李是故意的,和小李大吵了一架。朋友还对旁人说,小李不帮自己并没有什么,但没必要骗他,害得他赔了一大笔的房租。

小李也很无奈,但他也没办法,毕竟他真的承诺过朋友可以帮忙。

从此以后,他再也不敢随便承诺别人了。

对高敏感的人来说,是很难拒绝别人的请求的。可是,如果你真的无法拒绝别人的请求,那就请你一定要做到。

李阳和陈珂都在税务局上班,他们的同学大部分都是会计,所以在税务问题上,经常向他们咨询,他们也都会热心帮助解答。

有一次同学聚会时,有个好久不见的老同学张然给他们敬酒,说自己新开了一家店面,让李阳和陈珂平时多多照顾。两人也纷纷点头,祝张然生意兴隆。

没过多久,张然找到李阳,说税管员通知自己,因为店铺生意很稳定,每月定税3000元。但是张然不想掏这个钱,问李阳能不能帮忙不定税。

李阳果断拒绝了张然,告诉他,这都是规定,自己没办法帮忙。尽管张然不停地请求,李阳都坚决不松口。

张然又去找了陈珂,并向陈珂抱怨了李阳的不近人情。陈珂虽然也知道这没办法,但是听到了张然对李阳的吐槽,陈珂怕他也会怪自己，便口头假意答应，让张然先等等。

后来，张然三天两头来催促陈珂，弄得陈珂避之不及，最后不得不告知张然，自己真的没有办法。

这样一来，张然非常生气，便不再和陈珂说话了，反而和一开始就拒绝他的李阳很好，还到处说，陈珂没有李阳靠谱。

其实，正确做法就该像李阳，直接拒绝，既不会得罪人，也不会耽误事。而陈珂因为害怕得罪老同学，便假意答应，最后既办不了事情，又浪费那么多时间，难怪张然会生气。事情办不了，就不要答应，否则会加大别人的失望。

曾经有一个商人过河船沉遇险，他向岸边的渔人拼命呼救，承诺如果救他上岸，他付渔人黄金百两。可是等渔人将商人救到岸上以后，商人却反悔了，只肯给渔人五十两黄金。渔人不肯，商人鄙夷渔人贪得无厌，丢下五十两黄金大摇大摆地走开。过了一段时间以后，商人又落水了，这次任凭商人如何呼救，渔人都不肯救他。最后商人被淹死了。

这就是轻诺寡信或言而无信的后果。如果承诺不能兑现，就会失去对他人的影响力。更为痛楚的是，下次你说的话和做的事，即便是真心实意踏踏实实做下来的，别人也会在心里给你打个折扣。

不经过思考的承诺，最后只会勒紧自己脖子。

第六章
高敏感族的断舍离

"口是心非"只会让你很廉价

明明不感兴趣,偏偏说自己喜欢;明明很在乎,却要假装一点也不在意;明明很关心,却要表现得不屑一顾;明明很反感,却要摆出一副虚伪的笑脸……当一切真相大白的时候,只会让自己陷入为难的境地。用牺牲自己个性、尊严乃至健康的方式去换取别人的好感,这样的你不是显得太廉价了点吗?

小董今年30岁,因为忙于打拼事业,个人的感情问题一直没有解决,时至今日还没有一个正式的女朋友,这可把家里人都急坏了。亲戚和朋友不停地给他介绍女孩认识,可小董始终觉得自己应该"先立业,后成家",以至于别人的好意都被他婉言谢绝了。

有一次,单位的领导把自己的亲侄女介绍给了小董。起初,小董有心拒绝,可又担心伤了领导的面子,就勉强应了下来,口是心非地说了句:"多谢领导好意。"

见面当天,小董高挑俊朗的外表和温文尔雅的谈吐都给女孩留下了深刻的印象。回去以后,女孩和介绍人说明了自己的想法:她愿意和小董继续交往下去。

而对小董来说,他之所以去大相亲,也仅仅是碍于领导的面子,所以本身就没抱着继续交往的想法。虽然那个女孩各方

敏感情绪管理法
MINGAN QINGXU GUANLIFA

面条件也不错,可由于小董根本就没这方面的心思,所以也就谈不上什么好感。当领导向他询问见面后的感觉时,他犹豫了一下,只是淡淡地说了句:"相处一段看看吧。"

起初,小董觉得虽然自己心里不愿意,但直接讲出来会伤了领导和女孩的面子,只要自己不冷不热地应付着,事情早晚就会拖黄的。可天不遂人愿,他的一句"相处一段看看吧",被女孩会错了意,误以为小董对她也很满意。于是女孩每天不停地给小董发微信、打电话,而小董虽然心里不愿意,嘴上却一直没有拒绝。

就这样,两个人糊里糊涂地相处了一个月,像其他情侣一样,他们也一起吃饭,一起逛街,一起看电影。

一天,小董正在忙着工作,女孩打来了电话:"你到底喜不喜欢我?"也许是觉察到了小董的冷漠,这已经是女孩几天来第三次问他同样的问题了。女孩的执着终于让小董爆发了,说出了自己的想法:他从一开始就没有想过要和女孩交往。

听了小董的话,女孩像发疯一样,一边骂一边向小董咆哮道:"我恨你,真的好恨你。如果你从一开始就不想和我相处,为什么那天见面你还要去?为什么你同意继续相处?为什么你还说喜欢我?"

女孩一连串的发问,让小董哑口无言。第二天,同事们都在背后对他指指点点,说他人品不好,欺骗女孩的感情……

此时的小董恐怕已经是百口莫辩,他自认为出于好意,不愿意拒绝领导的好心,也不想伤了女孩的感情,所以才不愿意

第六章
高敏感族的断舍离

直接道出实情，只好口是心非地敷衍着。可令他万万没想到的是，正是他的这种"好心"，不仅导致了一段短暂而又荒谬的感情的产生，更给对方造成了深深的伤害。

小袁经常要和几个同事一起到下面的工厂去进行安全检查。有时候他们要顶着烈日奔波很远的路程，小袁因为细心，包里经常带两瓶矿泉水。

有一次，一个同事感冒，在路上又没有带水，小袁出于好心就把自己的水让给他喝。可没想到从此以后，同事们都知道小袁包里有水，便再也不想着自己带水了。每当口渴的时候，便毫不客气地向他要水喝。起初，小袁并不好意思拒绝，只好让自己渴着，把水分给别人。

可小袁的善意却没有得到什么好报，同事当中开始有了很多流言蜚语："小袁真不厚道，把水分给小李却不愿意给我""小袁这人真自私，才给我留下那么一点水"。

面对这些非议，小袁再也不能沉默了，当同事又一次向他要水喝时，他不再怕伤了同事之间的感情，而是直接提出了拒绝："我的水是留给我自己喝的，请你们以后自己带水，否则就只能渴着。"

小袁严厉的呵斥让那些已经习惯伸手的同事颇感意外，他们的心里对小袁也都产生了敬畏，从那以后便开始自己带水了。

"口是心非"就是指心口不一，心里想的和嘴上说的完全是两回事。我们可能是为了不让别人受到伤害，可能是为了隐瞒某些真相，可能是为了博得什么人的好感，当别人对你的善意谎言信以为真的时候，这样的"好心"便成了一种欺骗。

我们都应该诚实一点，不要不敢表达内心真实的想法。尽管这些想法有的时候真的很伤人，那也要好过戴着虚伪的面具，昧着良心说谎话。

猜忌、顾虑、多疑，让如今的人际关系变得越来越复杂，越来越不真诚。当所有的交往都披上了虚伪的外衣，当所有的交流都变得口是心非，这对于生活在这个扭曲世界里的所有人，其实都是一种伤害。

顺从别人让对方满意，似乎是表达自己善意最好的方式。但任何事情都有其两面性，如果妥协过了头，就变成了姑息和纵容。

大家不要用牺牲自己个性、尊严乃至健康的方式去换取别人的好感。如果不想做就直说，不用担心会伤了感情，尤其是在对方提出明显对自己不利的要求时。

借钱要三思，宁可"先小人后君子"

生活中，有的朋友会向你借钱。借钱的关键就是"有借有还，再借不难"。如果借钱的人没有好信誉，那就意味着你的钱要打水漂了。为了避免这种情况发生，我们就要懂得委

第六章
高敏感族的断舍离

婉拒绝。

有句老话叫："亲是亲，财是财，亲兄弟明算账。"无论是亲朋好友、街坊邻里，还是同事之间，一旦有借贷产生，那就形成了债权和债务的关系。只是大多情况下，人们会把情谊放在首位，忽略了法律上的关系，到头来是吃尽了亏。

网上有这样的一个测试：一个关系要好的朋友，从你那借了一些钱，到了约定归还的日子，对方不仅没有还，还再次借钱，说到时两笔一起还。在这种情况下，你应该怎么做呢？

催讨钱债，跟对方翻脸；象征性地借一点，如果对方还不了，也能承受；要求对方打借条，按照约定的日期还钱；考虑到对方有难处，先借给他再说。

这个测试一发布，就有几千人踊跃参加。经过调查后发现，有38%的人选择了最后一个选项，他们认为"虽然不是很想借，但也不好意思拒绝"；36%的人选择了第二个选项，他们认为"宁愿自己吃哑巴亏，也不想驳朋友的面子"；20%的人选择了第三个选项；6%的人选择了第一个选项。

通过这个调查活动，我们知道：当朋友借某件东西时，人们通常不会拒绝。这主要有两点原因：一是碍于人情的关系；二是不想给对方留下抠门的坏名声。一旦朋友或熟人向你借某样东西时，一句"你还信不过我"就能让你慷慨解囊，事后又后悔不迭。

文静和王青在同一家公司上班，在工作上，两个人是配合无间的好同事、好搭档；在生活中，两个人是无话不谈的闺中密友。

敏感情绪管理法
MINGAN QINGXU GUANLIFA

情同姐妹的两个人,无论做什么事情,都会一起出现。有时,面对王青的一些要求,文静总是不好意思拒绝。

某个周末,王青打电话给文静,说自己的项目组快要主持召开一个盛大的产品发布会,自己需要一条比较正式的长裙,想要她陪着自己逛商场。

本来文静不想去的,因为她是个月光族,而且又到了月底……不过一想到好姐妹邀请自己,她也不好意思拒绝。

在逛了很长一段时间后,两个人不经意间走进了一家高档服装店,里面商品的价格让人目瞪口呆。很明显,这里的商品不是她们能够消费得起的。然而,橱窗里面一条红色丝质长裙吸引了王青的目光。

训练有素的导购小姐一眼就看出了她的需求,不停地说:"小姐好眼光!这是店里销售最好的裙子了,店里只剩下一条了。现在不买的话,很快就被别人买走了。"

"女人一定要对自己好点,看到喜欢的东西就得收入囊中。你不穿漂亮点,怎么能吸引男朋友或老公的注意呢?"

"虽然它的价格不便宜,但是它有升值空间啊!先看它的款式,大方高雅,永远不会过时;再看它的材质,摸起来十分舒服。"

在导购言语的诱导下,王青决定把这条长裙买下来。

这时,文静悄悄地把王青拉到一边,低声说:"青青,你可想清楚了,这样的裙子太贵了!顶上我们一个月的工资了。"

王青笑了一下,拍了拍文静的肩膀说:"我身上的钱不够,你带钱了吗?"

第六章
高敏感族的断舍离

"我带卡了。"

文静的话还没说完,王青就急忙走进了试衣间。不可否认,王青穿上那条裙子确实很漂亮。接下来,将要发生的事情可想而知。文静无奈地拿出自己的信用卡,狠心透支了这个月的信用额度,替自己的好姐妹买下了这条裙子。

一天,两个人在电梯里面相遇。文静终于鼓起勇气说出自己的心里话:"青青,怎么也不见你穿那条红色的裙子了呢?"文静想从旁敲侧击开始问起。

王青眨了眨眼睛,若无其事地说:"别提那件事了,裙子买回来我就穿了一次。我老公说不适合我的身材,我就扔在衣柜里了。"

文静一时语塞,不知道应该说什么好。可她还是鼓足了勇气说道:"可是那条裙子是我透支信用卡帮你买的,这钱……"

"哎呀,你不说我都差点忘记了。"王青满不在乎地说:"你看,那条裙子我就穿了一次,要不我把裙子给你抵账吧!你不会在意的,对吧?"

听到王青这样说,文静的怒火一下子燃烧起来,但一想到两个人还在一起共事,没必要撕破脸皮,只得无奈地说句:"好吧。"

莎士比亚曾说:"不要轻易借钱给别人,也不要轻易向别人借钱。借钱给别人会让你人财两失,向别人借钱会让你挥霍无度。"可是在日常生活中,每个人都有被别人借钱的经历,而且至少一半的钱借出去再也没有还回来。所谓"借钱容易要债难",债务问题处理不好的话,不但让你心中不爽,还会伤了人家的和气。

对有些人来说，你的借款不但在关键时刻帮助了他，还能够增进彼此的友谊。但是对于另一些人来说，你的借款就是一个错误的开始。

欠债还钱，天经地义。可就有这样的一种人：向你借了钱，过后却从来不提还钱的事。此时，你应该怎么办呢？直接要？拉不下面子。暗示？如果对方还是装傻怎么办？

关于这类人，有人就调侃地将其分为两种：一种是真的忘记了；一种是揣着明白装糊涂。

如果是第一种，欠债人会通过你的暗示或看到某件事突然想起，然后觉得很愧疚，不仅还了你的钱，还请你吃一顿饭。这时，你只要很大度地表示自己不急需用钱，更没有讨债的意思就行了。

要是遇到第二种人就有点麻烦了，暗示对于他们来说，丝毫没有一点儿用。即便是直接说，他们也不会接招，而是继续装傻。

因此，在借给亲朋好友钱之前，我们一定要三思。立借据是很有必要的一件事情，这不仅是对自己负责，也是对友谊和亲情负责。然而，依旧有很多"非常规"的借贷发生在我们身边，此时，我们应该怎么样去处理呢？

首先，我们在借款之前，可以邀请一些朋友到场，然后再把钱借给对方。事后如果真的发生债务分歧或争议，这些当时在场的朋友也可以作为证人，以证明当初借款的事实。

其次，在借款协商过程中，你可以通过手机短信、电子

第六章
高敏感族的断舍离

邮件，或者QQ（一种即时通信软件）、微信等方式，将涉及借款还款有关事项的内容保存下来，证明当时确实存在借款一事。

肢体语言也可以说"不"

在很多时候，我们不能只听对方说的话，还要观察对方的肢体语言，看清楚对方的"潜意识"和"真意思"。

周末，邱峰和李伟去见了战友刘彬。大学毕业后，刘彬开始从商，且生意做得风生水起。邱峰这次的目的很明确，就是想向刘彬借些钱，毕竟都是多年的老战友了。

一见面，刘彬就聊起了一起当兵时候的事情，很是高兴。几个人聊着聊着，天色就不早了。邱峰本来想开口借钱，但见大家都这么高兴，就想还是再等等吧。聊到兴致之处，刘彬说起了和邱峰不打不相识，成为好朋友的事情。这么一听，邱峰心里很是高兴：这小子，竟然还记得那么清楚。原本对借钱之事有所顾虑的他，就不再犹豫了。慢慢地，邱峰就把话题转向了自己开店，但资金不够的事情上。

一听他说要开店，刘彬表示出了极大的兴趣，还感慨道："没想到，曾经的文弱书生也要当老板了。"可当邱峰提出向刘

敏感情绪管理法

彬借钱的时候,刘彬一下子变得不自然了,他一边说"老同学之间帮忙是应该的,应该的……",一边苦笑着端起酒杯抿了一口,还时不时地伸手去调整自己的袖扣。邱峰一听刘彬答应借钱了,只顾着高兴,也没有关注对方的肢体语言。就这样,一个小型的同学聚会散了,双方嘴里说着再约时间见面。

可没想到,等刘彬的车开走后,一旁的李伟对他说:"你不要高兴得太早了,我觉得刘彬是在敷衍我们,他根本就没打算借钱给我们。"

听他这么一说,邱峰就不高兴了,说:"怎么会呢,你刚刚没听见他说战友之间帮忙是应该的吗,而且还说再约时间见面的啊!这不就是说他答应借钱给我们了吗?!"

"那不过是他口头上说说罢了!你别忘了,我大学修的是心理学。刘彬在说答应帮忙的时候,神情很不自然,你没看见他端起酒杯却没喝,时不时摆弄他的袖扣,完全心不在焉。从心理学的角度来说,这就是拒绝的意思。只不过他作为一个场面人物,没有把拒绝的动作做得那么明显罢了!不过,他的细微动作可逃不过我的眼睛。"李伟对邱峰解释说。

邱峰听着李伟的话似乎有些道理,但他还是不愿相信,毕竟这么多年的同学关系了,如果不愿意帮忙可以直接说啊!邱峰赌气似地说:"你等着看好了,明天我就去找他,把钱借回来。"李伟耸耸肩,意思是说那就等着看好了。

第二天早上,邱峰如约给刘彬打电话,刘彬没有接。过了一个多小时,他又给他打了个电话,这回刘彬接听了。一说要借钱,刘彬就找了个理由,委婉地拒绝了他。

第六章
高敏感族的断舍离

此时，邱峰才真正相信李伟的话，原来肢体语言真的能拒绝人，只是自己没发觉而已。

在请求别人时，我们不要只听对方夸夸其谈，更要细心地观察对方的言行举止。因为人在撒谎的时候，肢体会下意识地作出真实的反应。而在和别人谈论什么事情的时候，更要通过肢体动作去判断对方的真实意图，避免错误判断。

一个人如果在发表言论的时候，肢体不停地做小动作，那么，这个人所说的话的真实度一定要大打折扣，不予相信。

第七章

学会果断，停止纠结

高敏感的人无论遇到什么问题，都会想到无数可能，也会纠结无数可能，犹豫不决。

此时，应该要学会果断，停止纠结。

敏感情绪管理法
MINGAN QINGXU GUANLIFA

优柔寡断是人生最大的难题

在生活中,虽然大家遇到机遇的概率不同,但大部分人也曾有过成功的机遇,只因不善抓机遇,所以最终错失机遇。高敏感的人更是如此,他们做什么事情之前都要与不同的人反复商量,非要得到别人的肯定才肯去做,一旦有人反对,便开始胡思乱想,心神不宁。很多事情都因为做不成决定,不了了之。

想要成为一名成功者,无论遇到什么事都应当机立断,因为机不可失。你只需要考虑周详,果断做决定,为着决定而去努力,就一定能够成功。如果,总是犹犹豫豫,那么机遇就会一次次地从你身边溜走。

有一个人年轻的时候碰到一个算命先生,这个算命先生告诉他说,他命里会非常有钱,在社会上获得卓越的地位,并会遇到自己这一生最爱的人,和她结婚。

于是这个人一直都在等待着,可是什么事也没发生,直到中年还穷困潦倒。多年后,他又遇到那位算命先生。他指责算命先生胡说八道:"你说过我命中会有财富和很高的社会地位,会娶到我最爱的人,可是我一无所有,什么也没有。"

算命先生回答他:"人的命运都是和人的气运息息相关,我那时候见到你,你积极向上,勤恳踏实,待人真诚,迟早能够

第七章
学会果断，停止纠结

得到财富，受人尊重，也会遇到真心的爱人。可是你现在，好吃懒做，整日无所事事，只等待一大笔财富砸到你身上。现在，我只能从你身上看到岁月蹉跎。"

年轻人沉默了，他回想了一下，曾经有朋友想做销售行业，拉他一起，可是他觉得太辛苦，想着反正自己命中有财，就拒绝了，后来他的朋友成为高管，年薪百万。他还有一个朋友，拉他做淘宝店，那时候淘宝店刚刚开始流行，他也很心动，但他犹豫很久，还是拒绝了，理由是淘宝店太虚拟，后来他朋友的淘宝店非常成功，在刚刚结束的"双十一"，一天销售额突破了一个亿。

但是，他又说："那么，你说我会遇到我一生最爱的人，和她结婚，为什么我至今都没有遇到她。"

算命先生说："你好好想想，真的没有遇到过吗？"

是啊，这个人想着，自己真的没有遇到过吗？自己二十二岁遇到初恋，那是一个笑起来眼睛弯弯的女孩，她清纯，可爱，每天都有说不完的话，想不完的念头，可是自己还是和她分手了。因为他还记得，自己会遇到最爱的人，他想，她不是自己最爱的人。

二十七岁，他又爱上一个女孩，她温柔、大方，有一头乌黑的长发。他的父母也非常喜欢她。他们快要结婚的时候，有一天，他看见路边走过的一个女孩，他突然想起很多年前算命先生说过的话，他有些恍惚，自己要结婚的这个人，真的是自己这一生最爱的人吗？他怕错过，犹豫很久，他还是和女孩说了分手。直到现在，他都能记起那个女孩的泪水。

敏感情绪管理法

此时,他也流下了悔恨的泪水,原来他曾经有过很多次机会,但都被他错过了。

有无数个路口都通往成功的道路,但是没有人会告诉你哪个路口能够通向成功,如果你永远纠结该选择哪个路口,那你只能永远看着别人从你面前走向成功。没有人可以预言成功,我们只能去尝试。当然,也不能因为急于求成就失去思考,也要适当听取别人的建议,不能没有主见,也不能太有主见。

王强大学毕业后,想要创业。大家都劝他先找份工作,工作两年后,经验积攒差不多,再去创业,可他就是听不进去。那时候,网上都在传某奶茶店很火,排队的人特别多,日入过万。他也想加盟。于是大家又劝他,不要听信网上的传言,要考虑实际市场,但他还是一意孤行。开店的前几天,生意真的挺好,他得意扬扬,认为幸好没听别人的意见。可是两个星期后,渐渐地就没什么人了,无论他是做广告,还是搞优惠,来的人寥寥无几。最后不得不关门大吉。

原来,王强所在地是个小县城,没有那么大的人流量,也没有那么多的消费群体。大家刚开始图个新鲜,时间长都觉得太贵了不划算。

王强没有开店的经验,就应该听取别人的建议,而不是一意孤行。

第七章
学会果断，停止纠结

要敏锐地抓住机会，但也不能失去判断力。做事情前，要有准确的判断力，否则只追求果断，失去了判断，何尝不是本末倒置。

别想太多，敲门就进去

有越来越多的年轻人选择创业，但是创业并没有大家看到的那么容易，你们只看到大老板们的成功，却不知道在成功前，他们失败了无数次。当你创业时，有很多人会给你建议，但是建议是没有风险的，开口就来，对了固然好，错了也没什么责任，但对于自己而言，利害得失都是自己，必须要慎重。我们不仅要敢于做出自己的选择，而且要勇于承受失败的后果。

没有人天生就不害怕，大家都害怕失败，特别是创业。但是，如果你认定自己是对的，那就坚持自己的信念吧，不要去在意别人的议论。

有一个人在一个很有钱的商人家做园丁，他非常羡慕商人的成功，于是他向商人求教，希望商人能够带他发财。商人同意了，让园丁先回去好好工作，等有合适的生意就喊他。

过了一段时间，商人把园丁喊来，告诉他自己有一片空地，可以种树苗，这些树苗的成本是 200 万，但是等几年后，树苗

敏感情绪管理法
MINGAN QINGXU GUANLIFA

长大就可以赚到800多万的利润。

园丁拒绝了,说自己拿不出来那么多的钱。

商人又说,园丁可以选择和自己合作,所有成本都由商人承担,园丁只负责除草施肥,几年过后,等树卖掉以后,利润可以平分。只是,园丁这几年培育树苗是没有工资的。

园丁犹豫好久,再一次选择了拒绝,他怕风险太大,害怕失败。最后商人只好答应每月给他固定工资,让他栽种树苗。过了三年,商人把树苗卖了出去,赚了800多万。可是,园丁仍然还在按月领着工资,只能眼睁睁地看着商人发财。

创业本来就有风险,园丁什么风险都不愿意承担,只能眼睁睁地看着别人成功。事实上,无论做什么事情,都会有风险。高敏感的人就特别害怕冒险,可是现实生活中,我们无时无刻不在冒险,即便车祸频发,但是我们还是要去学开车,因为我们不可能永远躲在家里不出门,也不可能只依靠两条腿,世界太大了,而且就算是走路也会有被别人撞到的风险啊。

也有人会选择去冒险,但是他们无法承担失败。特别是对高敏感的人来说,他们便会不断地自责,反复地后悔,之后他们更愿意选择不再冒险。

我们很多人从小就养成了谨小慎微的习惯和观念,特别是高敏感的人,很难挣脱原有的束缚,去冒一把险。

很多人不考虑创业都是因为那"太冒风险了"。接受别的单位提供的职位是大部分人会做的选择,似乎大家都以为朝九晚五的工作最好,永远不担心失业,是最理想的低风险的工作。

第七章
学会果断，停止纠结

但是，他们都错了，如果一成不变，大多数人都会从他们的职位上消失掉。

特别是现在高速发展的新时代，每天都在更新换代，我们无时无刻不在面临着改变，新的产品，新的模式，新的科技，新的服务，新的思维。这些改变，可能微小，可能剧烈，但每一次的改变，都需要我们调整心情，重新适应。对于高敏感的人来说，去适应一个新的环境很困难。但是没有永远安全的舒适港湾，大家必须要去适应，去改变。

高敏感的人更喜欢紧守着过去的思维模式，不愿意去体验新的事物。他们认为，守着老习惯和旧状态比较有安全感。他们也有各种的欲望，只是不愿意冒险罢了。

刘佳佳是个敏感且内向的小姑娘，她在一家公司已经工作3年了，平时工作也很努力，对工作也很有想法，但是因为她平时见到领导从来都是能躲就躲，躲不了也都低下头不敢说话，所以，老板甚至连她的名字都不知道。

有次公司有个外派学习的机会，恰好对她的对口工作很有帮助。她很想去，但是听说老板心中已经有了合适的人选。于是她的心情特别差，有一天加班完了，就在走廊上走来走去，不知不觉竟然走到老板办公室的门口。她想，这个时间，老板估计已经走过了，但她还是敲了敲门，没想到老板竟然还在。听到老板说"请进"时，她有些犹豫，甚至想转身就走。但她还是鼓足了勇气走了进去。

老板看见她，非常意外，但还是很亲切地和她打了招呼，

敏感情绪管理法
MINGAN QINGXU GUANLIFA

请她喝茶,和她聊天。她也不再紧张,和老板开心地聊自己的工作和生活,最后还表达出自己想去学习的意愿,并阐述了为何她更适合去学习。

老板听了她的话,答应会重新考量。

她认为,不管让不让自己去,至少这次聊天聊得很开心。

让她没想到的是,很快公司通知这次外派学习的名额给她。

后来她在公司越来越自信,老板也开始注意到她的工作才华,很快就把她升为部门经理。

如果刘佳佳没有敲开老板的那扇门,那她永远得不到老板的注意,也不会得到那次外派学习的机会,也永远不会让老板知道她的工作才华。

有时候成功源自"敲门就进去"的冒险,如果你根本没有仔细想过去冒险,那你就只能待在原地,安于现状,既不能后退,也不前进。你的日子很可能会过得呆板、懒散。

往往,你越是犹豫胆怯,就越是无法坦然自信。不要总是去纠结各种不好的后果,瞻前顾后。不妨正确表达自己的观点,其实后果并没有那么可怕。即使失败了也不要害怕,失败很正常,每个人都会经历失败,失败了就重新学习,只有不断地在失败中学习经验,才能够最终得到成功。

第七章
学会果断，停止纠结

拖延是对生命的挥霍

现代人的通病是拖延症。你的拖延症是源自你内心对开始的恐惧，所以你不断地拖延，觉得拖延一天是一天。可是，你越害怕，就会越拖延，越拖延，就越容易失败，越失败，就越容易害怕。这是一种恶性循环。

佳清是重度拖延症患者，从上学时就这样，放学回家先去吃零食，一边吃零食一边看电视，等看完电视已经8点多，她刚要去写作业，又转头去给自己倒杯水，喝了水再去趟卫生间，每次等到她坐在那写作业都已经晚上10点多了。

工作以后，佳清更是如此。

别人上班都是迅速地进入工作状态，而她上班要先倒一杯水，刷会朋友圈，和同事聊会八卦，往往等她开始工作已经快下班了。因此，领导已经批评她很多次了。

有一次，领导给她安排一份工作，要她两周完成，并对她千叮万嘱：必须完成，不许拖延。

她这次没有拖延，回去就做了一份工作计划。她将工作分为八项，每天做一项，八天就可以做完。她非常高兴，觉得工作还是很轻松的嘛。

第一天，她准备工作的时候，隔壁办公室的小董跑来跟她

敏感情绪管理法
MINGAN QINGXU GUANLIFA

讨论前一天追的宋慧乔新剧《男朋友》，问她看没看。宋慧乔的新剧开播了，她居然不知道！佳清想着，先看一集，反正工作还不急，不知不觉，等她看完一上午都过去了。她想，那就下午再开始做吧，反正时间多的是。

结果到了下午，同事拜托她陪自己去总公司拿份材料，拿完之后，两个人还可以去喝个下午茶，逛街看个电影。佳清禁不住诱惑，想着明天再工作吧，于是愉快地跟着同事一起走了。

谁想到，佳清第二天早上因为昨夜熬夜追剧起晚了，反正都迟到了，那上午就不去了，下午再去吧……就这样，一个星期过去了，佳清的工作还没有开始做。

佳清想，周末要不要加个班，可是又有朋友约她去山里泡温泉。

没事，周末好好玩，下周一开始好好工作，大不了晚上多加会班嘛。这么一想，佳清就开开心心地去山里泡温泉了。

但是佳清没想到，第二周家里正好有点事情，需要请两天假。

可想而知，到了最后一天，佳清的工作并没有完成，领导狠狠地批了她一顿。

领导告诉佳清："治疗拖延症最好的办法就是没有明天，没有以后，只有现在，只有此刻。接到工作以后，马上就可以干了，不要倒一杯水，准备一下，再进入工作状态。如果遇到困难，也不要死磕着，先将其放到一边，去做容易的事。"

佳清试了试，发现效果果然好。而且，做完工作再去追剧逛街看电影，心里更加轻松，不用老惦记着工作。

第七章
学会果断，停止纠结

本杰明·富兰克林曾经说过："不要把今天能做的事推到明天做。"想第二天下班去看下父母，不用，今天下班就能去。想改天去咨询一下舞蹈老师，给自己报个舞蹈班，培养个爱好。很好，但不用改天，现在就可以去。很多想法都是拖着拖着拖没有的。

高敏感的人更喜欢拖延，和别人不同，他们喜欢为自己设置一个期限，但结果不过就是卡着那个期限完成。可是，仔细思考一下，既然一定要完成，为什么不能提前完成呢，你拖拉着，如果有什么临时变化，便会影响原定的计划。

从小，我们就学会了"今天的事情今天做"，不能长大后，却忘记了儿时良言。

把自己容易拖延的事情列出来，一一改善。

孟雪每天都要熬夜到 12 点以后才睡觉，她也不愿意，但是每天下班回到家吃完饭，看会电视剧，刷刷朋友圈等想睡觉了一看都 11 点了，洗澡洗脸敷完面膜已经要 12 点了，这时候已经不困了，再刷会朋友圈，不知不觉已经 2 点了，所以每天早起都慌慌张张跑到单位却还是迟到了。

孟雪每天早起都发誓晚上 11 点准时睡觉，但每天依旧如此。

终于有一天，孟雪改变了自己晚上回家以后的流程，她吃完饭后先洗澡，洗完澡后，才去看手机。这样，她每天都能坚持 11 点睡觉，从此以后，再也不用害怕早上起晚迟到了。

改善拖延症，要从最简单的事情做起。当你完成一件事情，会非常有成就感，这对改善拖延症，很有帮助。当然，很多人已经形成了拖延的习惯，因此必须要有很大的意志力或者接受严格训练才能改变。

如果你想要成为一个成功者，那就要克服你的拖延症。

那些总在"准备"的人，可能这一辈子都在准备的路上。

成长，就是一场冒险的旅程

在成长过程中，你会接触到很多未知事物，遇到很多难题，但是你不能退缩。相反，你要迎难而上，不断地挑战自我，在一次次的成功和失败中吸取经验教训。

曾经有这样一个故事。

鹰与蛇是对老冤家。鹰喜欢把蛇抓到半空中扔下，摔死。

然而蛇这种动物，并不是任凭老鹰把自己抓走的。特别是毒蛇，它就会在被鹰抓起时，反咬鹰一口，而在这个时候，中毒的鹰则很有可能会从半空中掉下来，当然蛇也会被摔死。鹰后来学乖巧了，它会飞下突然抓住蛇的头部，不让蛇的毒牙咬到。但蛇在这个时候，则有可能会用身子紧紧地缠住鹰，并越收越紧，最后鹰则会在剧痛中与蛇同归于尽。

第七章
学会果断，停止纠结

尽管与蛇的斗争常常是两败俱伤，但鹰一次都没有退却过。每年总有一些时候，鹰会再次抓蛇，还是希望置蛇于死地。

虽然鹰抓蛇并不是非常有把握的，它也要面临着被毒死、被缠死的威胁，但它从来没有放弃过。

人也只有在冒险中才会学到更多东西，才会让自己在以后更加有经验。

高收获意味着高风险，想要成功，冒险精神是必不可缺的。特别是在日新月异的新时代，如果不能创新、不敢冒险，那么迟早会被淘汰。

当年，随着美国经济的迅猛发展，对钢铁的需求也不断增加，卡内基抓住良机，全力以赴地大干起来，把全部的精力都投入到了钢铁业中。

他把自己的全部股票都换成了现款，投入到了钢铁工业当中。他用35万美元在匹兹堡南部建立起了一座现代化的钢铁厂。虽然这时股票全部下跌，但在这之前，卡内基的股票已全部兑换出手，这场灾难丝毫没有影响到他。这时他投资的钢铁厂正独领风骚，蓬勃发展。他加强管理，科学经营，并聘请化学专家检验原料，使原料、产品检测系统组织化，改变过去原料购入和产品卖出的无秩序状态，从而大大提高了生产能力。

而经济形势的发展正如卡内基预测的一样，军火、铁路各方面对钢铁的需求愈来愈大。半年过去了，他的资产翻了几番，他的公司在钢铁市场当中占据了举足轻重的地位。他成了美国

敏感情绪管理法

的大富翁之一。

在与同行的竞争中,卡内基也算是一个天才,他眼睛盯住自己的对手,抓住机会以强击弱,逐步建立自己对钢铁业的控制权。他看中了一家叫狄克仙的钢铁公司。这家公司所发明的轧延铁轨制法,使其一直处于全美的领先地位。然而,由于工人罢工,这家公司危机重重,濒临破产。卡内基决定把这个公司买下来,他感觉现在正是时候,他想的是出多少钱的问题。他先出60万美元与狄克仙公司谈判,结果遭到拒绝。这时,突然传来令人吃惊的消息,说狄克仙的铁轨材质缺乏均一性,是有缺陷的产品。消息传出,狄克仙极为被动,迫不得已以较低的价格忍痛把公司卖给了卡内基。

在吞掉狄克仙公司的第二年,其公司收益就达到了500万美元。之后,卡内基将资金增加到2500万美元,并将公司更名为卡内基钢铁公司。不久,他又将其更名为US钢铁企业集团。他的公司几乎垄断了美国的钢铁市场,并且成了世界上数得着的钢铁公司之一。

而在与华尔街金融巨头摩根的"钢铁战争"中,卡内基也表现出超人的胆识。他以退为进,取得主动。双方经过几番较量,最后达成协议,卡内基的钢铁业归摩根所有。按合约,摩根以1比1.5的比率兑换了卡内基钢铁公司资产的时价额,据说有3.5亿至4亿美元之多。这使卡内基的资产从2亿多美元一下子增至4亿美元,翻了将近一番,据说已经超过了美国当时的国防预算。

第七章
学会果断，停止纠结

高敏感一族特别容易感受到时局变化，但又很容易丧失安全感。如果能够平衡自己的想法，那么，敢于冒险的他们，更容易获得成功。

你需要的不是别人的意见，而是自己的信任

在这个世界上，能够永远支持你相信你的人只有一个，那就是你自己，你也是这个世界上最了解你的人。即便所有人都不相信你，你也要信任自己，只有这样你才不会失败。要记住，永远都要相信自己会成功。

志强从小心高气傲，最大的愿望就是有天能够成功，取得伟大的成就。为了得到别人的支持与信任，他逢人便滔滔不绝地说出自己的宏图大志。

可是并没有人能听进去他的宏图大志，反而，大家还会讥讽他说："你一个初入社会的少年，有什么资格谈论伟大的志向？可能你志在必得，可能你孺子可教，可能你信誓旦旦，可能你梦想成功，但不论你有多少个可能，结局只有一个，那就是这一切的一切，只是你的一厢情愿，而并非事实的本来面目。"

志强茫然了，问："我一定会失败么，我就没有一点儿成功的资格吗？"

敏感情绪管理法
MINGAN QINGXU GUANLIFA

大家都对他说:"是的,没有。"

志强听信了别人的话,他放弃了自己的宏图大志,甘愿过着平凡普通的一生。

志向是一名中年人,他年轻时候碌碌无为,年过四十,感到后悔,回想起儿时的梦想,燃烧起斗志,于是他认真地做了一份计划,去向大家咨询建议。

但大家听了志向的话,不仅没有鼓励他,反而不屑一顾地说:"你能有梦想非常好,但是你的梦想太不切合实际,你的实力是无法去完成的,古今中外,能够取得这样成就的人才有几个?你要接受自己是一个普通人的事实!记住,成功不是那么容易的,如果容易,大家每个人都可以成功了。事实上,绝大多数的人都是普通的,要在普通中学会安分守己。"

志向特别失望,问道:"我的愿望真的是不切合实际吗,我就没有一点儿成功的希望吗?"

大家很无奈地告诉他:"是的,没有。"

志向听了大家的话以后,失去信心,继续过着自己普通平凡的生活。

志远是一位老人,有一天,他回想起年轻时候未完成的梦想,充满了遗憾,他不甘心,想要做点什么,弥补自己。可是他没有任何自信,只好征求别人的意见,

大家听了他的话以后,既感到惊讶,又觉得可笑,对他说:"您已经一大把年纪,别说创业,就连自理能力都快没有了,您还能做些什么?雄心壮志放在心里想想就好,做人要懂得接受现实。您在大好时光中都没有成功,您还指望这两年就

第七章
学会果断，停止纠结

能成功吗？"

志远特别无奈，他问："我真的老了吗，我就没有一点儿成功的可能吗？"

大家都怜悯地对他说："是的，没有。"最后，志远带着遗憾与绝望离开了人世。

志强、志向、志远是同一个人。志强是年轻时，志向是中年时，志远是老年时。

也就是说，这一生，他都没有成功。

志远在死去那天，见到了上帝。一见面，他便问道："为什么我一生没有任何成就，这是命中注定的吗？"

上帝不答，只问道："你为什么不去追求成功呢？"

志远说："因为别人都不支持我，都不相信我，我又如何去成功呢？"

上帝说："如果你一直相信自己，并取得了成功，别人还会怀疑你、反对你吗？"

志远听了以后，哑口无言。

上帝说："其实，你的成败并非取决于别人，而是取决于你自己。许多人之所以一生庸庸碌碌，并非在于他们没有梦想，也并非在于他们不想成功，而是在于他们总是怀疑自己，最终放弃了自己的梦想。"

志远终于有所觉悟了，然而，生命已逝。他唯有无限遗憾和怅然地叹道："人生中最大的失败，就在于不相信自己，从而放弃了自己的梦想，人生最终也一无所成。"

敏感情绪管理法
MINGAN QINGXU GUANLIFA

人的力量是可以变得非常强大的，因为，人的力量会随着人的思想意志、潜力的变化而变化。不止如此，人还可以借助其他人的力量，让自己拥有无穷的力量。这就是人的力量。

这是一片辽阔的草原，只有草，没有树。

忽有一天，一阵龙卷风从这里经过，遗留下两颗种子。

一阵细雨过后，这两颗种子开始萌芽。

第一颗种子说："我相信，我不是草，而是树。"

第二颗种子也说："我也相信，我一定会长成参天大树。"

众多的小草听到了它们的谈话，纷纷嘲笑道："我们这里只有草，没有树，你们凭什么会长成树？这不是痴人说梦、异想天开吗？"

但这两颗种子并没有理会小草的言语，而是用行动证明了自己。不久以后，第一颗种子所萌发的苗长高了许多，知足了。它见第二颗种子依旧继续长着，便劝说道："我们已经胜利了。看吧，众多的小草都匍匐在我们的脚下了，停下来享受一番胜利的曙光吧。"

此刻，这是一个千真万确的事实，它们不是草，而是树。

第二棵树却不为所动，说："仅高过了草，这不是我真正的目标，我相信，我还会变得更加的高大。"

第一棵树认为自己的目标实现了，便停止了生长，尽情地享受着高于众草之后的胜利。

第二棵树则继续生长着，越来越粗壮，越来越高大。

转眼间，十年过去了。

第七章
学会果断，停止纠结

第一棵树早已枝条杂乱，毫无生机。第二棵树则傲然而立，迎风招展。

后来，这片草原上有了人类居住。

人们将第二棵树当作图腾。因为，人们都希望自己能够像树一般高大，而非像草一般矮小。

草原上的人时常来这棵树下祈祷、膜拜、祝福，这棵树已然成为他们的精神支柱。

第一棵树见到了此情此景，心下不服，说："我们同样是树，为什么只有你受到了人们的尊崇与膜拜？"

第二棵树回答它说："因为，从一开始我就相信自己可以成为参天大树，并且始终为着参天的梦想而奋斗。永远记住，之所以你不能高大，那是因为你满足了现有的高度，并且放弃了对于未来的追求。"

相信自己是成功的前提，一个人能做到什么，首先是因为他相信能够做到。可能有人会发出疑问，可能有人会做出反驳，相信自己会有成就，相信自己不凡，难道就一定会成功吗？但当你拥有这样的疑问与反驳时，不妨扪心自问："我真正相信吗？"可能，大多数的时间内，你否定了自己，适应了现实。更多时候，更多的人，不是他们没有改变命运的能力，而是他们最终适应了现有的人生，认可了那些的不可能与无能为力。可以确定地说，不论一个人最终做成了什么，在做成之前，他一定相信自己：一定能够做到！

自信是一种心理状态，可以通过自我暗示培养起来。根据每个人境遇不同，所承受压力不同，具有"东方艾柯卡"之称的夏目志郎提出了达到自我暗示的六个条件，分别是：

（1）经常输入伟人的事情。把自己推崇的伟人的资料输入自己的大脑，经常用他们的奋斗精神来激励自己。

（2）相信语言的力量。经常用一些诸如"我能行""我一定能渡过难关"之类的话语来激励自己，增加自信。

（3）了解重复的重要性。连续不断地重复某种想法，不但会使自己内心深处更加相信其会发生，也会让自己排除压力，充满自信。

（4）保持强烈的欲望。若有很强的欲望，则会为了要实现欲望而付出行动，纵使有障碍物，也决不退缩。

（5）决定终点线。量化目标，让自己经常品尝成功的喜悦，能有效增强自信。

（6）设定预想的困难。事先把困难考虑到，当障碍物真的横亘在面前时，便不会气馁、灰心。即使受到挫折，因为心理上事先有准备，也不会轻易放弃。

明天的自己比今天更优秀

每天你都应该对自己说：今天一定要比昨天做得更好，活得更出色。事物的发展变化都是由量变到质变的。量变，就是

第七章
学会果断，停止纠结

我们每日的微小的成长，它就像零星散落着的一颗颗珍珠；而质变却是一根绳子，它能把这些珠子串在一起，把它变成夺目亮丽的项链。量变积累到一定程度就会引起质变，这个积累，就是"每刻都去努力，每天进步一点"，任何人的成长都要经历这个阶段。

曾经有位老人对一位来图书馆看书的年轻人说："如果你每天能花十分钟的时间来学习一门专业，那么，十年以后，你将会特别了解这门专业，成为这门专业的权威人士。"当时那位年轻人并没有在意这位老人的话，可是很多年以后，当他想起来这句话以后，便后悔不已，他终于明白老人话中的含义了，这句简单的话中，其实充满了人生哲理。

在我们的一生中，有一多半的时间都浪费掉了。我们工作的意义好像只是为了工作；我们旅游的意义只是为了拍照；我们从一个城市去到另一个城市，完成了一件又一件的事情，好像我们的人生非常充实，可是我们却又说不出什么事情才是自己真正想做的。就这样，一直到老死。有很多人在死亡来临之前，才会发现自己这一生被虚度过去。

卓越者与平庸者之间，并非隔着一道难以逾越的鸿沟。很多时候，它们就差在一些不起眼的小习惯方面。比如，每天花5分钟阅读，多打一个电话，多努力一点，在适当时机多一个表示，工作上多费一点心思，学习上多做一些研究……在实践目标时，你必须与自己做比较，看看今天有没有比昨天更进步——即使只有一点点。

你只需要再多一点能力，你只需要再多敏捷一点，你只需

156

要再多准备一点，你只需要再多注意一点，你只需要再多培养一点精力，你只需要再多一点创造力。

  成长永无止境，成长大于成功。你只需要每天勤于学习，稳步成长，每一天都有所收获，你就会越来越出色。

第八章

敏感不是缺陷
——与过去和解，与自己和解

高敏感的人，要善于跟自己和解，特别需要注意的是，如果遇到必须妥协的事情，请不要继续坚持。

放下执念，学会变通

曾经，有一位德高望重的先生，他有一帮学生。

有一天，先生嘱咐学生们："孩子们，你们去镇子里买米回来吧。"学生们匆匆告别先生去山下的镇子里。但行至离镇子不远的河边，眼前的一幕却让所有学生都目瞪口呆——只见洪水从山上奔泻而下，阻住了去路，学生们无论如何也休想渡河去镇子了。众人只得悻悻而归，无功而返。学生们多少都有些垂头丧气。唯独最小的一个学生，却与先生坦然相对。

先生笑问："过不去河，大家都很沮丧，为何你却能够如此淡定？"

学生看了看先生，从怀中掏出一个苹果，递给先生，说道："虽然过不了河，买不了米，但我却看见河边有棵苹果树，上边还结了苹果，我就顺手把这唯一的苹果摘来了。"

后来，这位学生成了先生的衣钵传人。

先生要求众学生去镇子买米的目的肯定是为了做饭果腹，苹果一样能起到果腹的作用。这个学生直接抓住了结果，而没有纠结于"去镇子里买米"这个过程，这就是善于变通的表现。

目标可以是一个，抵达目标的路线却可以有所不同。在实现目标前，切忌一头扎进去，我们需要静下心来琢磨琢磨选择

第八章

敏感不是缺陷——与过去和解，与自己和解

哪种路线更有效。有时选择比努力更重要，尤其是在面对成效甚微的努力时，我们更需要放下执念，学会变通。

首先，必须妥协的事情，请不要继续坚持。

有一位作家曾说："权宜变通是成功的秘诀，一成不变是失败的伙伴。"不是什么时候都要坚持，在需要改变的时候，如果继续固执己见，只会让人议论不懂变通。在该坚持的时候选择坚持，在该妥协的时候选择妥协，才是大智慧。

其次，无论何时，都要保持学习的好习惯。

在高速发展的新时代，有很多人都提前进入"老年时代"，拒绝接受新兴事物，导致思想越来越狭隘，看问题越来越不够客观。由于拒绝学习，他们的思维方式日渐落伍，还会看不惯其他观点。想要保持年轻态，不被时代所淘汰，就要放下我"什么都懂""什么都会"的观念。要知道，世界在变化，你只有不断地学习，才能够保持进步，不与世界脱轨。

再次，追求欲望的同时，不要牺牲自己的自尊心。

对于高敏感的人来说，他们的自尊心使他们更容易敏感。很多高敏感的人都以为自己是自卑的，可是往往，有些人的所谓自卑是来源于自尊心太强，这样的人往往执念太重。为了满足虚荣，有些人会陷入执念的泥潭，无法自拔。为了避免如此，要时刻牢记，追求欲望的同时，不要牺牲自己的自尊心。

最后，在有原则的基础上，要善于变通。

虽然大家都很欣赏做事认真的人，但如果认真得不懂得变通，就会让人生厌了。在有原则的基础上，要善于变通，这样才能够把事情做得更好。

有些事情必须"半途而废"

很多人在追求"坚持就是胜利"时,却忽略掉了并不是什么事情都值得去坚持。我们的生命有限,当我们发现自己所努力的并没有什么意义时,就请果断放弃。

无论是在生活在还是在工作中,错误的坚持都是没有必要的。

夏铭和柳田同时去一家单位面试,两个人都通过了层层选拔进入复试。复试的时候,为了公平起见,他们是在两个不同的楼层进行的。

复试时,夏铭表现得十分稳重,对各种问题都对答如流。结束之后,负责面试的HR(人力资源)让他去走廊尽头的房间找小刘将聘用合同拿过来。

夏铭非常开心,走到走廊尽头,果然看到HR所描述的那个房间。可是他敲门,没有人应声,他发现房间门已经锁了。直到此时,夏铭才明白这是HR给自己出的最后一道难题,如果连这扇门都敲不开的话,以后怎么去敲开客户的大门。但无论夏铭如何敲门,都没有人应声。事实上,房间里应该就是没人。

夏铭为难地回去问HR:"你好,小刘不在房间。"

第八章
敏感不是缺陷——与过去和解，与自己和解

HR 抬头看了一下夏铭，答道："小刘可能出去了吧。"夏铭想了想，说："那我去房间门口等他吧。"

那天，夏铭等了很久，直到下班，也没有人回来。没有办法，夏铭只好离开了。结果可想而知，没有签成聘用合同，他被淘汰了。

第二十三天，柳田也接到了面试通知，和夏铭一样，HR 也请他去走廊尽头的房间去取来聘用合同。柳田敲门时，发现房间没有人，他跑回来问 HR 时，HR 还是那句话："小刘可能出去了吧。"柳田也跑到房间门口等人，可是等了一会，柳田去敲响了另外一个办公室的门，问："你好，我来找隔壁屋的小刘，他不在，请问一下小刘的电话是多少？"

通过电话，柳田联系到了小刘，拿到了聘用合同。他送回去的时候，HR 很高兴，对他说："喝杯水，然后签个协议，祝贺你，你被录取了。"

夏铭放不下自己心中的那份执着。他觉得，他一直等下去，小刘一定会回来，可是直到下班小刘都没回来。而柳田却并没有这样认为，他等不到小刘，就选择敲开另一间办公室，问到小刘的电话，拿到了聘用合同。

并不是所有事情都需要坚持的，还有一部分事情是需要"半途而废"的。这当然不是说提倡"半途而废"精神，而是说要有精准的判断力，要理智客观地去分析事实，选择正确的坚持，才能够最终获得成功。

生活中也有些人从小就抱有美好的梦想，也身体力行去追求、去坚持，但他们牺牲了美好的青春，激情也慢慢消耗殆尽，留给自己的却是一个生命的残局，可是他们仍然觉得是上苍跟他们开了一个生命的玩笑。殊不知，是他们自己的固执埋葬了自己的青春年华。

其实，适时地放下无意义的坚持，才有机会坚持正确的选择。我们应该清楚地分析，我们的目标是否适合自己，如果不适合的话，趁早放弃，还能够有机会去实现别的抱负。否则，只是白白浪费时间。

有时"执着"只是一种固执

人生最关键的是要活得开心，遇事要想得开，一定要明白该执着时要执着，该放弃时要放弃的道理。如果不肯放弃你所背负的记忆，那么这些记忆都会成为你的负重，让你无法轻松前行。生活中，人们可以忍痛割舍使自己痛苦的事物，却难以放弃让自己愉悦的事物。

狒狒是特别容易抓捕的一种动物。猎人在抓捕狒狒时，总会故意举着狒狒们爱吃的食物，从它们的视线中走过，然后放进早已准备好的洞中。那种洞非常奇怪，一般都是口小里大。等猎人走开以后，狒狒便会欢蹦乱跳地过来，伸爪子去拿洞中的食

第八章
敏感不是缺陷——与过去和解，与自己和解

物。洞是口小里大，狒狒抓着食物的爪子就被困在洞中抽不出来。猎人们这时候就会不紧不慢地走过来，即使如此，狒狒也不肯松开爪子放弃到手的食物，而是选择乖乖地被猎人们捕获。

所以，大家都嘲笑狒狒太傻，只要狒狒能够松开爪子，放弃食物，就可以溜之大吉，但它们却偏偏不！其实很多人，就像狒狒一样，只要拿到手，就无法松手。这种固执真的很愚蠢。

很多时候，我们赞许执着的人，是因为他不抛弃、不放弃。可是，与其去坚持没有意义的事情，还不如及早放弃，这样还能够尽快地重新开始。在股票市场，有位老师曾经讲过：亏钱不可怕，可怕的是不能及时止损。很多人，都是抱着一只股票等待回本，可是最后等待自己的，只是血本无归。

小明和小强是同时进入股市的，可是两个人的性格是完全不同的。

小强是有点固执的那种，但小明则完全相反。

当时两个人在朋友的推荐下，买了同一只股票。那个股票开始走势特别好，可是买了几天以后，股票开始不断地下跌。两个人去问朋友，朋友说："股票涨跌很正常，你俩不懂股票的话，特别容易追涨杀跌，倒不如就抱着一只股，跌了也不要割。早晚都会涨回来的。"

回去以后，小强就记住了，牢牢地抱着那只股票，每天看看，怎么跌都不卖。

而小明就开始研究股票走势，他越看越不对，股票跌的话

都跌六七个点，涨才涨一两个点，再加上大盘形势不好，他决定先卖掉再说。

于是他喊小强和自己一起卖。结果，小强压根就听不进去，还劝小明和自己一起等股票涨回来。后来，小强一心抱着那只股票，直到现在也没有解套。

而小明及时止损以后，换了另外一只看起来还不错的股票，不但把之前亏损的补上，还赚了不少钱。

如果小明也抱着一只不好的股票执着于回本，那么就会与小强一样，过去那么多年还在亏钱。小明选择"割肉"时，有没有过犹豫？有没有过挣扎？肯定有。他"割肉"的时候也肯定很心疼。他需要多大的力量才能说服自己啊！何况还有别人劝他坚持下去。但是，他最终做出了最正确的决定。适时放弃，不盲目固执，才是最迅速的解决办法。

为自己活，而不是活给别人看

生命的意义，是在于个体的自我体验。很多人的快乐只停留在别人的追寻之上，没有内容。正是因为他们没有自我，所以他们才无法体验真实的快乐。

高敏感的人看到有钱的人很快乐，以为自己有钱就会快乐；

第八章

敏感不是缺陷——与过去和解，与自己和解

看到当官的人快乐，自己也要去当官。可是等自己赚到钱，当上官以后，发现自己并不快乐，因为这根本就不是自己想要的生活。

大多数人，只能够看到别人的生活，觉得那一定也是自己想要的生活。可是，别人的生活再好，如果不是自己所希望的生活，那么又有什么意义。

大家更需要的是找一个安静的空间，问问自己的内心，到底想要的是什么。如果现在所走的路，并不是自己想要走的，那么应该立即停下，换另一条路。

曾经有一家企业的主管，在外人眼中，他很成功，工作上有高薪，生活上还有一位爱他的妻子。可是他却觉得工作枯燥，生活煎熬，无法忍受。于是他就背起背包，和妻子开始自助环球旅行，以后的9个月里，横跨五大洲十几个国家。旅行中，他对生命有了新的认识。回到美国，他决定用故事的形式把他对生命的认识写下来，他只花了21天就写完了这本书。他开始只是想让更多朋友知道他的想法，于是自费出版，没想到这本书短短一年就成了畅销书。书的主题就是：人生应该做自己想做的事，而不是应付别人要你做的事。他就是《生命咖啡馆》的作者约翰·史崔勒基。

一个人如果从事一份自己并不喜欢的工作，那么领导的批评，同事的否定，对他来说都没有意义。也是因此，才有很多人在工作时，并没有那么的积极。

敏感情绪管理法
MINGAN QINGXU GUANLIFA

明明很简单的道理，有的人却一直都不懂。人们有时候觉得生活得不愉快，很大程度上是因为过于注重形式，比如为了追求时尚而买了一双满大街正流行的鞋子，虽然穿着不合适，脚都磨起泡了，但还是硬挺着。其实生活不在形式，而在内容。我们不要为了时尚而让脚受委屈，更不要为了某些虚荣，而舍弃宝贵的年华和快乐。

周晓丽就是传说中别人家的孩子。从小学开始，她学习成绩一直都是班级前三名，直到高中，依然如此。高考她考上了一个非常出名的学校。

大学毕业以后，她听家里人的话，考上了公务员。又在家人的介绍下，认识了现在的男朋友。

所有人都很羡慕周晓丽的生活，周晓丽在众人的羡慕中，也很开心。只是夜深人静时，她总是忍不住地问自己，这真的是我想要的生活吗？为什么我感受不到喜悦呢？

她也想过告别现在的生活，周晓丽一直向往去大企业做HR（人力资源）。可是，她实在无法轻易地就放弃大家眼中所认为的很好的生活。而且去大企业，意味着她要离开家乡，去北漂，在陌生的行业，重新开始。她鼓足不了勇气，只好假装自己对现在的生活很满意，但代价是，她不快乐。

周晓丽的生活好吗？很好啊。可是她为什么不快乐呢？因为这些都不是她想要的生活，她只是听从家人的建议，选择了一种别人看起来很好的生活。

第八章

敏感不是缺陷——与过去和解,与自己和解

很多人都太注重他人的想法,反而忽略了最重要的——自己的想法。鞋子的款式不重要,重要的是舒适与否。我们不应该为了别人的惊羡,让自己受委屈。实际上,人的快乐和幸福衡量的标准不在别人,只在自己的内心。自己觉得值得,那才算是值得。

世上本无事,庸人自扰之

俗话说"世上本无事,庸人自扰之"。

其实很多时候,烦恼都是我们自找的。要想从烦恼的牢笼中解脱,首先要"心无一物",放下心中的一切杂念。

有个高敏感的女孩,因为焦虑症,到处寻找解脱烦恼的秘诀。有天,她走到广场的公园,看见有位大哥哥在欢快地弹奏着吉他,她能感受到那位大哥哥的快乐,她走上前去问那位大哥哥:"你那么快活,难道没有烦恼吗?"大哥哥说:"我每次弹奏吉他,放声高歌的时候,什么烦恼也没有了。"女孩去报了吉他班,可是几个月过去,她发现自己还是很烦恼。

于是她去看心理医生,又向他讨教解脱烦恼的秘诀。心理医生问她:"是谁困住了你?"女孩答道:"没有人困住我啊!"心理医生说:"既然没人困住你,你自己从烦恼中走出来不就行了。你想要谁给你解脱呢？"

女孩想了很久，才恍然大悟，这么多年来不快乐的原因只在于自己给自己束缚住了。

生活中，虽然有很多人听过这个故事，但谁又能彻底明白其中的含意呢？"智者无为，愚人自缚。"人，通常喜欢给自己的心灵套上枷锁，给自己的精神添加压力。

从前，有位皇帝为心中的各种烦恼所困，所以拜一位得道高僧为"国师"，希望他能为自己排忧解难。

有一天，皇帝问国师："寡人如何才能得到佛法？"国师回答说："佛在自己心中，他人无法给予！陛下看到殿外空中的那一片白云了吗？能不能让侍卫把它摘下来放在大殿里？"

皇帝无奈地摇摇头，又问国师："怎样才能拥有佛的法身？"国师答道："欲望让陛下有这样的想法！不思静修，却把生命浪费在这种无意义的空想上，几十年醉生梦死下来之后，到头来不过是腐尸与白骸而已，何苦呢？"

皇帝再次问道："那如何能不烦恼不忧愁呢？"

国师回答说："不烦恼的人，看自己很清楚，即使一心向佛，也决不会自认是清静佛身，常常审视自己的内心，了解自己的真正所求。只有烦恼的人才整日想摆脱烦恼。修行的过程是心地明朗的过程，无法让别人替代。放弃自身的欲望，放弃一切想得到的东西，陛下就会得到整个世界。"

第八章
敏感不是缺陷——与过去和解,与自己和解

其实很多烦恼,都是妄想,是错误的,并不存在。

曾经有位大师解释过:"你在修行中,不要试图去达到任何境地。你可以随你的意愿,夜以继日地精进修行,但是,如果心中依然有想攫取的欲望,你永远也达不到平静。所有物件假以时日,会分解回归其基本元素,这是仟何现象界的本然。唯有当我们明了并经验到某些事物时,我们方能放下。"

另一位禅师也曾经说过:"没有任何东西是属于任何人的!在我们仍活着的时候,必须踏实地生活,不过到了最后,我们仍是无法保住任何我们穷尽一生所追求到的事物。只有智者能洞察世界本身所带来的痛苦。他们彻见了快乐与不快乐、美丽与丑恶,对他们而言,已没有什么是值得一看的了。"

如果当你意识到自己的烦恼并没有实际的存在,只是自己与自己较劲,那么不妨放下,你会发现,整个世界都是轻松的。

见好就收,顺其自然

万事万物都不能长久存在而不衰退,所以盛极之后,必然会转衰。老子《道德经》中有一句话:"功成,名遂,身退,天之道!"他认为一个人成就了功业,建立了名望,就应该收敛身退,这才是天地之道。

很多人活着,都想要做一些让旁人惊羡的大事。孟子说:

敏感情绪管理法
MINGAN QINGXU GUANLIFA

"穷则独善其身,达则兼济天下!"有很多人都想要"兼济天下",可是到后来,大部分人都迷失在名利之中,反而忘记了初衷。

范蠡与文种都是越国名臣,在越过打败吴国后,范蠡深知大名之下难以久居,所以明智地选择了功成身退,"自与其私徒属乘舟浮海以行,终不反"。他还遣人致书文种,谓:"飞鸟尽,良弓藏;狡兔死,走狗烹。越王为人长颈鸟喙,可与共患难,不可与共乐,子何不去?"文种未能听从,不久果被勾践赐剑自杀。

与之类似的还有韩信与张良,两人位属"汉初三杰"之列,为高祖建汉立下赫赫功勋。张良深知功高震主的道理,所以天下安定后,他便托词多病,闭门不出,渐渐消除自己的影响,甚至拒绝了刘邦封王的奖赏,只请封了个万户侯,最后得以善终。而被称为"功高无二,略不世出"韩信却因为自恃功高,不知收敛,最后被诛三族。

从古至今,这种"飞鸟尽,良弓藏;狡兔死,走狗烹"的悲剧就从来没有停止过。其实,功成身退不失为明哲保身的好办法,主动退下来,反而能够颐养天年,得以善终。越是功劳大的人,越是要急于抽身,因为那些上位者所忌惮的就是那些功劳大的人。

商鞅仕秦孝公时,以历史上有名的"商鞅变法"的功绩奠

第八章
敏感不是缺陷——与过去和解，与自己和解

定了自己的地位。然而，就因为他过于注重权柄，不知功成身退的道理，为最后身死埋下了祸根。

当初，商鞅变法时注重"乱世用重典"，采取了极其严厉的政治改革措施。这虽然帮助秦国从一个相对弱小的国家迅速地强大了起来，但也因此触动了许多权贵的利益，商鞅在朝野上下树起了数不清的政敌。但是因为有孝公支持，所以他的敌人们对他也无可奈何。

然而，有句古话叫作"功高盖主"，权势越来越大的他也渐渐使得秦孝公感到威胁。孝公生前还曾故意传位于他，以试其心，虽然他没有领受，但也可见当时他已见疑于君上了。这时他应主动功成身退，隐遁避险。另有赵良引用"以德者荣，求力者咸"之典故力劝商鞅隐退。可商鞅并不以为然，固执己见。

最终，孝公将他的权力渐渐架空。秦孝公一去世，反对派们在惠王即位后，纷纷策谋陷害他。最终，商鞅被秦惠王以谋反罪名处以五马分尸的极刑。

很多人只学会了往前走，却不知道退一步海阔天空。这些人永远像象棋中的兵一般，只能前进，无法后退，走到无路可退时，等待的只有失败。

秦国的另一位宰相李斯，也是如此。李斯为秦相，功劳卓著，但在秦二世二年七月，却因遭奸人诬陷，被腰斩咸阳市。临刑的时候，他对自己的儿子说："吾欲与若复牵黄犬俱出上蔡东门逐狡兔，岂可得乎！"

在此时李斯的眼中,什么功名利禄都比不上"陪着儿子牵着黄狗到上蔡东门外去打猎"了,可惜他明白得太晚了。

大部分的初心都是很真诚的,但是随着时间的推移,心态不知不觉发生了变化,越来越贪婪,到最后,竟然忘记了初心。

心若虚空,便能包容万有

生命就是一场静修的旅途,而你的静修之路能走多远,取决于你的心里能装下多少人多少事。

有一天,佛陀与迦叶、阿难一起外出行化。途中口渴,见远处一位女子在井里汲水,佛陀叫阿难去向女子化一杯水来喝。没想到这位女子看到阿难过来,很不高兴地说:"你来干吗?"阿难答:"要向你乞一杯水。"女子厉声道:"我这里没有水,附近没有别人在这里,你不可以过来,赶快走,否则我拿扁担打你!"阿难无奈,只好空手回去。

佛陀便又让迦叶前去讨水。这次刚好相反,女子见到迦叶,态度却大为转变,很温和地对迦叶说:"有什么事情吗?"迦叶答道:"因为口渴,想向你乞水。"女子亲手给迦叶倒了一杯水,并又给他倒了一杯供奉佛陀的水。

第八章

敏感不是缺陷——与过去和解，与自己和解

阿难看到很奇怪，问佛陀道："这位女子为什么给迦叶水而不给我呢？"

佛陀笑着道出其中缘由：这位女子前世做老鼠，死在路边。阿难和迦叶还未出家，两人刚好经过。阿难不但没有怜悯之心，反而厌恶，捂着鼻子表示这老鼠臭死人了。而迦叶看到死老鼠身上有很多苍蝇，悲悯地说："可怜的老鼠啊！死了还有那么多苍蝇在围攻！"说罢就发慈悲把它埋了。

如今老鼠转世为人，因为阿难过去曾厌恶她，种下恶缘，自然对阿难心生讨厌，哪里还会给水喝呢？而迦叶对她有过埋葬的恩情，种下善缘，所以今生女子一见到迦叶就生欢喜心。原因就在于阿难没有慈悲之心。

高敏感的人，特别注重别人对自己的看法，反而忽视了自己对别人的看法。其实，你如何对待别人，别人就如何对待你。这是一种循环，也是一种轮回。你眼中的他人是何样，你就是何样。关键是你的心。

星云大师曾经引用这么一个故事来说明心识的力量。

苏东坡曾作了一首诗偈，自诩为惊世杰作，忍不住有些扬扬自得，便急忙叫家丁火速划舟送给居住在江南金山寺的佛印禅师，心想他一定会大赞特赞。苏东坡这首诗偈为："稽首天中天，毫光照大千。八风吹不动，端坐紫金莲。"谁知佛印禅师看完后一语不发，只批了"放屁"二字，就叫家丁带回。接到回报的苏东坡瞪着"放屁"二字，直气得三尸暴跳、七孔生

敏感情绪管理法
MINGAN QINGXU GUANLIFA

烟,连呼家人备船。小船过了江,眼看佛印禅师正站在岸边笑迎。苏东坡憋不住一肚子火,冲前就嚷:"禅师!刚才我派家丁呈偈,何处不对?禅师何以开口就骂人呢?"

佛印禅师哈哈大笑:"我道你真是'八风吹不动',怎么我一句'放屁'就把你打过江来呢?"佛教中把"利、衰、毁、誉、称、讥、苦、乐"等八种最常影响我们内心世界的境风称作"八风",苏东坡以为自己的心不再被外在世界的毁誉称讥所牵动,不料还是经不住小小"放屁"二字的考验。

高敏感的人更要注重心灵修养,这是一件特别艰难的事情,需要用一生去修行。只有内心宁静,才能够接受孤独,才能够坦然地面对输赢。

每一个人的本心,在出生时,都是纯洁无瑕的。可是,在漫长的岁月中,如果不及时清理覆盖着本心的尘土,那么,等到无数灰尘慢慢累积时,你的本心就会变得污浊沉重。就像我们如果一旦有了自私的念头,不立即改正,时间一久,就会变成贪婪的人。

一个皇帝想要整修京城里的一座寺庙,他派人去找技艺高超的设计师,希望能够将寺庙整修得美丽而又庄严。

后来有两组人员被找来了,其中一组是京城里很有名的几个工匠,另外一组是几个和尚。

由于皇帝不知道到底哪一组人员的手艺比较好,于是就决定给他们机会做一个比较。

第八章

敏感不是缺陷——与过去和解，与自己和解

皇帝要求这两组人员各自去整修一个小寺庙，三天之后，验收成果。

工匠们向皇帝要了一百多种颜料，又要了很多工具；而让皇帝很奇怪的是，和尚们居然只要了抹布与水桶等简单的清洁用具。

三天之后，皇帝来验收。

他首先看了工匠们所装饰的寺庙，工匠们敲锣打鼓地庆祝工程的完成，他们用了非常多的颜料，以非常精巧的手艺把寺庙装饰得五颜六色。

皇帝满意地点点头，接着回过头来看看和尚们负责整修的寺庙。他看了一下就愣住了，和尚们所整修的寺庙没有涂上任何颜料，他们只是把所有的墙壁、桌椅、窗户等都擦拭得非常干净。寺庙中所有的物品都显出了它们原来的颜色，而它们光亮的表面就像镜子一般，无瑕地反射出从外面而来的色彩。那天边多变的云彩，随风摇曳的树影，甚至是对面五颜六色的寺庙，都变成了这个寺庙美丽色彩的一部分，而这座寺庙只是宁静地接受这一切。

皇帝被这庄严的寺庙深深地感动了，当然我们也知道最后的胜负了。

这座寺庙就是我们的内心，其实我们并不需要用各种色彩去美化我们，我们需要做的，只是清理掉蒙在我们心灵上的那些尘埃，还原最初的本心。

对于高敏感的人来说，他们的开心与不开心都在时时刻刻

影响着他们。有时候,删掉那些不开心,留下开心的回忆,反而会有不一样的世界!

练习题:清除大脑的垃圾

我们稍加留意,就会发现人类的大脑就像一个无所不包的容器,好的、坏的、高兴的、沮丧的、记忆、期望……全都被我们自己毫无过滤地往脑袋里塞。确切地说,大脑就像一个垃圾桶一样不断地接收外在的杂物,却不会自动把垃圾清除。

与日俱增的讯息使大脑变得乱纷纷,因为这些垃圾堵住了脑部交通,导致无法畅通无阻地交流,因而每个脑细胞都在声嘶力竭地大喊,互相指责,如此乱成一片,脑袋自然就会紧张起来。

加上外在的刺激不断,现代人的脑袋不可避免地充满着亢奋的情绪。三更半夜仍有不计其数的"夜猫子"在电脑或电视机前上蹿下跳,全无睡意,有时候甚至躺在床上许久了,绵羊数到不计其数了,却仍无法入眠。这是因为头脑还处在紧张兴奋的状态中,还在继续活动着,自然不会有睡意。

不过,头脑这种兴奋的状态,往往是头脑紧张的表现,它还要忙碌地工作:消化这天吸收的信息、处理没有理清的事情等。头脑里实在有太多它还没有理清的事情,所以有时这会让人觉得自己的头脑里装满了各种各样的"垃圾":一直想着昨天吃的饭,同事穿的裙子,晚餐后打死的蟑螂,十年前某一天

第八章

敏感不是缺陷——与过去和解，与自己和解

刮的台风……其实大多数人都很不解，为何头脑要浪费那么多宝贵的睡眠时间，去想这些"垃圾"呢？

脑袋里日复一日堆积保存下来，固执不肯舍弃的，往往都是令人烦恼的杂念。它们让人悲观，让人痛苦，让人消极，甚至绝望。这些杂念，有时候就好像已经被砸碎了的破缸，明明已没有任何用处，我们却还小心翼翼地收藏着，背在身上，让前行的脚步变得沉重。一不小心，那些碎片还可能割伤自己，弄得伤痕累累。

电脑的回收站里装了过多的垃圾文件会使电脑运行不畅。同样，人的脑袋装了过多的垃圾也会阻塞，所以绝对有必要把垃圾清除。这样才有空间给予新进的灵感和智慧。清理了大脑的"垃圾"，带着没有怨恨、没有叹息、没有积郁的头脑和心灵，我们才能轻松快乐地行走在海阔天空的人生之路上。

以下这个技巧便是清除脑袋垃圾的良方：

每天晚上临睡前，找一个角落或空白的墙壁，面对着它，开始说话，脑袋中有什么思绪，就说什么话，大概花四十分钟时间。有时你会发现你脑中有两个声音在争论不休，那么你可以暂时分身一下，变成两个人在聊天。把你的意识流付诸语言。

你可能会说出这样的话："我觉得好烦哦，又睡不着了……旁边的老公打着猪一样的呼噜声，二十年来一直都这样……如果家用可以多一点就好了……咦，他二十年前也是这副德性吗？我为什么会嫁给他？"

另一个声音："想那么多干吗？还是想想明天的工作比较要紧吧！对喔，工作……唉，我巴不得换工作，连年终奖金都拖，

敏感情绪管理法
MINGAN QINGXU GUANLIFA

这公司没希望了……我好想买个名贵的凯莉包啊……"

这个好似双人对话的技巧能帮助你清除脑袋中的垃圾，释放压力，使你感觉一身轻松。慢慢地，大脑就会随之渐渐地得到放松。通常照此方法做，不消一盏茶的工夫就能很放松地入睡。

不过，当你做完四十分钟的意识交流，最好还是稍微安静地放松一下，如果你给自己一点时间深入放松，然后再进入梦乡的话，你的睡眠将会更深沉。

第九章

与其过度思考未来，不如努力做好当下

活在当下是一种全身心地投入人生的生活方式。当你活在当下，而没有"过去"拖在你后面，也没有"未来"拉着你往前时，你全部的能量都集中在这一时刻，生命因此具有一种强烈的张力。

敏感情绪管理法
MINGAN QINGXU GUANLIFA

别将思想过度耗费在遥远的未来

美国著名的电影明星帕特·奥布瑞恩在踏入影视界之前，只是一名默默无闻的话剧演员。一次，他参加了一部名为《向上，向上》的话剧表演。帕特对自己很有信心，他的表演也很到位，可是观众似乎对这样的剧本并不感兴趣。第一次演出，剧场里的座位上只到了不足三分之一的观众。后来观众更是越来越少，剧团难以为继，只好将表演场地搬到一个偏僻廉价的小剧院。

这样的地方，观众自然寥寥无几，门票收入减少，演员们的薪水也每况愈下。一时间，一种消极的情绪在剧团里蔓延开来，演员们都感觉前途一片渺茫，表演也不再像以前那样卖力了，甚至有人私下里做好了离开剧团的准备。

在大家埋怨时运不济的时候，帕特却从未懈怠过，仍是一如既往地全身心投入表演，即使台下只有一名观众，他也会百分百地投入。

一天晚上，剧团来了一个陌生人，坐在最前排看帕特的表演。当帕特表演完，他站起来报以热烈的掌声。帕特以为他只是一名普通的观众，当这个男人走上台来，握着帕特的手自我介绍之后，帕特才知道他竟然是大名鼎鼎的电影导演刘易斯·米尔斯顿。

第九章
与其过度思考未来,不如努力做好当下

刘易斯被帕特的演技和敬业精神所折服,当即邀请他参与电影《扉页》的拍摄。从此,帕特在电影界崭露头角,并逐渐成为观众喜爱的电影明星。

"当下"给你一个深深地潜入生命之渊,或是高高地飞进生命天空的机会。但是在两边都有危险——"过去"和"未来"是人类语言里最危险的两个词。生活在过去和未来之间的当下几乎就好像走在一条绳索上,在它的两边都有危险。但是一旦你尝到了"当下"这个片刻的甜蜜,你就不会去顾虑那些危险;一旦你跟生命保持在同一步调,其他的就无关紧要了。

从前,远方有个王国,国王的年纪大了,他把三个儿子叫到跟前,对他们说:"我们王国北方有一座最险峻的山峰,山顶上长着全世界最老、最高、最壮的松树。我将派遣你们独自去攀登那座高峰,从那棵树上折一根树枝回来,谁把最棒的树枝拿回来,谁就可以继承我的王位。"

第一个王子带着行囊和装备出发了。3个星期后,他风尘仆仆地回到王国,带回了一根巨大的树枝。国王似乎很满意,恭喜他完成了任务。

接下来轮到第二个王子,他发誓要取回更好的树枝,于是带着帐篷和必需品上路了。第6个星期快结束时,他才回来,拖着一根庞大的松枝,比第一个王子拿回来的大了很多,国王高兴极了。

最后,最小的王子收拾行囊朝高山出发。然而他久久没有

敏感情绪管理法
MINGAN QINGXU GUANLIFA

回来,直到第 14 个星期,才传来第三个儿子正在返家路途中的消息。

国王命令全国人民聚在一起,等候第三个儿子回来。王子到达时,全身衣服又脏又破,不仅身体疲惫不堪,而且连一根小树枝都没带回来。

小王子眼里含着羞愧的泪水说:"对不起,父王,我试着去完成你交代我的事,找到那座雄伟的高山,夜以继日地攀登,登上最顶端后,寻遍了整个山顶,可是发现那里根本就没有树!"

国王泪流满面,向幼子温和地说:"你是对的,现在,我们王国的一切都是你的了。"

众人不解,便问国王为何要将王位传给这位没能带回树枝的儿子。国王说:"他虽然没有带回树枝,但他是我三个儿子中最努力的。当他发现山顶没有树枝的时候,他接受了眼前的现状。接着,他花了好几个星期去寻找我所说的那些树,虽然他最后都没能找到,但他有着作为一个国王应该有的素质。"

只要在生活中永远选择尽力而为,到最后你一定会收获丰硕的果实。或许我们可以假设一下,假如那个最小的儿子最终没有能获得国王的位置,但至少他努力了,至少在自己以及很多人心里,他已经是一个成功的人了。

天赐的才能,展现出来的只是虚妄高傲,只有凡事尽力而为,才是令人臣服的境界。也许你努力了也永远达不到目标,因为那本就是一个不存在的东西。但是,当你尽力而为之后,

第九章
与其过度思考未来，不如努力做好当下

就不会给自己的人生留下遗憾。

佛家常劝世人要"活在当下"。到底什么叫作"当下"？简单地说，"当下"指的是你现在正在做的事、待的地方、周围一起工作和生活的人。"活在当下"就是要你把关注的焦点集中在这些人、事、物上面，全心全意认真去接纳、品尝、投入和体验这一切。

你可能会说："这有什么难的，我不是一直都活着并与它们为伍吗？"话是不错，问题是，你是不是一直活得很匆忙？不论是吃饭、走路、睡觉、娱乐，你总是没什么耐性，急着想赶赴下一个目标。因为，你觉得还有更伟大的志向正等着你去完成，你不能把多余的时间浪费在"现在"这些事情上面。

不只是你，大多数的人都无法专注于"现在"，他们总是若有所思，心不在焉，想着明天、明年，甚至下半辈子的事。

假若你时时刻刻都将力气耗费在未知的未来，却对眼前的一切视若无睹，那么你永远也不会得到快乐。一位作家这样说过："当你存心去找快乐的时候，往往找不到，唯有让自己活在'现在'，全神贯注于周围的事物，快乐便会不请自来。"

或许人生的意义，不过是嗅嗅身旁每一朵绮丽的花，享受一路走来的点点滴滴而已。毕竟，昨日已成历史，明日尚不可知，只有"现在"才是上天赐予我们的最好礼物。

许多人喜欢预支明天的烦恼，想要早一步解决掉明天的烦恼。明天如果有烦恼，你今天是无法解决的，每一天都有每一天的人生功课要交，努力做好今天的功课再说吧！

如果看不清未来，那就努力做好现在。把眼前的事情做好

了，机会自然会来。过去的你已经无法更改，未来的你什么样，取决于你的现在。

真正爱自己，相信自己

哲人认为，在人群中比独自一人更加孤独。

的确，有时候一大帮人在一起打打闹闹，孤独的感觉却比一个人的时候还要强烈。因为你与周围的人格格不入，无法进入那种热烈的气氛里面，在这种热烈气氛的映衬下，你觉得自己更加孤独。而一个人的时候，海阔天空地遐想，反而没怎么觉得孤独。

可见，呼朋唤友，置身于喧嚣的人群，并不是驱除孤独的方法。

唯一的方法就是哲学家所说的："真正爱自己，依靠自己的力量。"

我们只有凭借体内自有的韧性和生命力去战胜经常驾临的孤独感。能和自己做朋友，这才是自由的胜利。这个朋友永远在你身边，无论你落魄，还是发达；无论你开心，还是难过，他都在你身边、鞭策你、激励你、安慰你。

有人曾问斯多葛学派的创始人芝诺："谁是你的朋友？"

他说："另一个自我。"

第九章
与其过度思考未来，不如努力做好当下

人生在世，不能没有朋友，但在所有的朋友中，我们最不能忽略的一个朋友是自己。

能不能和自己做朋友，关键在于他有没有芝诺所说的"另一个自我"。这另一个自我，实际上就是一个更高的自我，同等重要的是你对这个自我的态度。

有些人不爱自己，常常自怨自艾，待自己如同自己的仇人；有的人爱自己而缺乏理性，过分自恋，待自己如同自己的情人，在这两种情况下，另一个自我都是缺席的。

成为自己的朋友，这是人生很高的成就。古罗马哲人塞涅卡说："这样的人一定是全人类的朋友。"和自己做朋友，就要真正爱自己。

法国曾经做过一项调查："假如我们对你的恋人或丈夫做一次采访，那你最想从他们的嘴里知道些什么？"被调查者都不约而同地回答："他还爱我吗？"

"他还爱我！"这就是多数人想从恋人那里得到的答案，其中女性占多数。

而我们想问的问题却是："你还爱自己吗？"

也许你会说，谁不爱自己呢？是的，没有谁不爱自己，但是不是真正爱自己、会不会爱自己，却是另一个问题。比如说，你每天为自己真正预留了多少专属时光，没有动机、没有功利、没有交换，只是让自己充分自在地舒展开来，感受着自己，感知到自己。然后才知道，如何才是真正爱自己。

在更多的时间里，你恐怕都忙于应付各种需要，为家庭，为工作，为孩子……即使在一人独处不需要应酬谁时，你是不

是也常会忘记要应酬自己，而依然在行为上或者脑子里惯性地应酬着这个或那个，或者自觉在鞭策自己去充电，恶补情商课或者管理经？

这些都不是真正爱自己的表现，都不能真正地滋养自己。爱自己，不是以物质贿赂自己——一掷千金并不见得是犒赏了自己；不是拿成就激励自己——成功也不见得能喂饱你；当然更不是以别人的眼光或者标准苛求自己，别人都满意了你却不一定能够满意。

爱自己就是对自己的欣赏和喜欢，因为在这个世界上你是独一无二的，你就是这个世界的唯一。

爱自己，并不是盲目自恋，而是能够认识到自己的缺点，并坦然地接受自己的一切。真心爱自己的人懂得快乐的秘密不在于获得更多，而是在于珍惜所拥有的一切。你会觉得自己是那样地受上天的恩宠，是那样幸福地生活在这个世界。这是一份难得的乐观心境，更是快乐的始点。具有这样的心境的女人，无论是对生活、环境，还是对周围的亲人、朋友，都会自然流露出一股喜悦之情，感动自己，影响他人。

爱自己，和另一个自我做朋友，你才能真正远离孤独。

当然，这绝不是推崇我们去垒一道墙，躲在里面，拒绝关心与问候，而是要你学会和内心的另一个自我相处。这样，你就能成长为一棵独立的大树，而不是缠绕在别人身上依赖别人营养的藤蔓。大树的枝丫可以在空中恣意摇曳、伸展，没有固定的姿态，却有一种从容，一种得心应手的自信。

哲学家尼采在《查拉图斯特拉如是说》中说："你在内心

第九章
与其过度思考未来，不如努力做好当下

深处很清楚即使你身在人群之中，你也是跟一群陌生人在一起。对你自己来说你也是个陌生人。"如果你和自己都是陌生人，即使朋友遍天下，也只是热闹而已，你的内心仍然是孤独的。

哲人提醒，身边多一些朋友，也许可以让你远离形单影只，却难以消除你内心的孤独感。就像金钱可以帮你打发空虚，却无力填充你的孤独。

孤独感是心灵深处盛开的罂粟，让你和自己的灵魂对饮。如果你懂得爱自己、善待自己，别人就容易看到你的魅力、称赞你，你会从这些赞扬中得到更多的自信，你也就会活得越发精彩，永远保持对生活的热情，这是个良性循环。

坦白说出你的"玻璃心"

在一次晚宴上，谢然经朋友介绍，认识了一个电脑专家。谢然也算是某公司的知名人物，对这种人际交往向来应付自如，但当他发现自己这一次不知如何开口跟这位电脑专家交谈时，大吃一惊。

最后，谢然坦白道："不知为什么，我对您有点害怕。"电脑专家听完哈哈大笑，随后两人很自然地谈了起来。

人们往往千方百计地想使别人注意自己，但大部分都没有

敏感情绪管理法
MINGAN QINGXU GUANLIFA

什么效果,因为他不会关心你、我,他只会关心自己。因此,以对方作为谈话的开端,往往能令对方产生好感。赞美陌生人一句:"你的衣服色泽搭配得真好""你的发型很新潮",能使他快乐,从而缓和彼此的生疏。也许,我们大多数人都没有说这话的勇气,不过我们可以说"您看的那本书正是我最喜欢的"或是"我看见您走过那家便利店,我想……"

与人交谈时,我们在适当的时候,应诚实地把真正的想法说出来。

我们没必要为了迎合对方,而刻意地隐瞒自己真实的想法。可以用委婉的态度和语气,先表示对方的意见没有错,一般人在听见别人对自己的意见表示认同时,都会松懈心理的防备,认为你可能是持有相同意见的同伴,这时候再说出你真正的想法,就很容易被接纳。

《淮南子·人间训》中记载了这样一段故事。

鲁哀公想在宫殿西侧有所扩建,史官强烈地反对,说:"在西侧扩建宫殿是一件极不吉利的事。"哀公十分生气,不听任何亲信的劝言。

他问宰折睢说:"我打算扩建宫殿,史官们硬说不吉利,你的看法如何?"

宰折睢回答说:"天下之大,只有三件不祥之事,宫殿西侧的扩建工程,与这无关。"

哀公大喜,他接着又问道:"那三件不祥之事指的是什么?"

第九章
与其过度思考未来，不如努力做好当下

宰折睢回答说："不行礼仪，这是第一个不祥；奢欲无限，这是第二个不祥；强谏仍不听，这是第三个不祥。"

哀公默然沉思了好一会儿，心平气和地自我反省一番之后，自己认为做法欠妥，于是下令停止扩建工程。

宰折睢不是直接谈扩建工程之事，而是谈天下之三大不祥事，并且这三大不祥事每一件都与哀公扩建工程相关。宰折睢心平气和地说，哀公心情舒坦地听，所达到的效果自然比强谏哀公，强迫他改变主意的做法更好。

说服人要心平气和，不能感情用事。既要使对方愿意采纳你的意见，又不给周围的人留下由于自己的极力说服才勉强被采纳的印象。有话好好说，这样，才能先使对方不致对自己产生排斥感，言辞也不致被对方误会，然后再尽情发挥自己的才能与辩说能力。最后，不仅使对方心平气和地接纳自己的意见，自己也可以达到真正的目的。

在人际交往中碰到陌生人的时候，起初大都会感到不自然，彼此之间好似隔着一道铁门，不知道如何融洽交谈。这个时候，如果能找到一些话题来打破僵局，缓和气氛，就能使交谈双方轻松自如，从而进入融洽的谈话气氛中。

在现实生活当中，学会说让别人爱听的话是至关重要的。

你可能在晚宴中觉得自己因为害羞而格格不入；或是刚好相反，你认为许多人讨厌这种聚会，但是自己很喜欢。无论如何，都应该将你的感受向第一个似乎愿意听的人说出来，这个人可能就是你的知音。坦白地说出"我在这里一个人也不认

识"或"我不知道该讲些什么",总比让自己显得拘谨冷漠好得多——大多数健谈的人都是勇于坦白的人。

一切都是最好的安排

对于随遇而安,著名的国学大师南怀瑾曾经说过:"一个人想做到随时安然是非常困难的。世间万物皆有其自身的规律之所在,水在流淌的时候是不会去选择道路的,树在风中摇摆时是自由自在的,它们都懂得顺其自然的道理。因此,拔苗助长固不可取,逆流而上也是一种愚蠢。"

在这个世界上,很多成功伟大的人,他们所经历的过程都是近乎相同的。有失败的失意,有遇挫的痛苦,有成功的喜悦。但他们最珍惜的还是每个阶段和每个境遇所带来的不同的感受。他们都有一个信念,不论遇到什么,先坦然面对,欣然接受;不管遭遇怎样的境况,都做到随遇而安。在这样随遇而安的状态里找到办法,从困境中解脱。

说到随遇而安,有这样一个故事。

曾经有一个小国家,地方小,人少,这里的人们却过着与世无争,世外桃源般的生活。他们活得悠闲自得,性子都十分闲淡。他们的这种性格有很大程度都是受到这个国家的

第九章
与其过度思考未来，不如努力做好当下

国王和宰相的影响。国王从不争强好胜，也从来没有为扩张国土而侵略过其他国家；而宰相更是一位对政事不太关心的读书人。

不过，国王特别喜爱打猎和微服私访，而宰相也老在国王微服私访的时候说这么一句话："一切都是最好的安排。"

起初，国王并不理解宰相说这话的真正意义，直到一件事的发生。

这一天，国王如往常一样来到狩猎场打猎，他的箭不偏不倚地射中了一只花豹，花豹立刻倒下。这可把国王高兴坏了，这可是他第一次捕获到这样的大型动物。于是，他骑着马抛下随从，兴高采烈地来到花豹倒下的地方。没想到，花豹就在这一瞬间使出最后的力气，突然跳起来向国王扑过来。国王看见花豹张开血盆大口咬来，他下意识地闪了一下，心想"完了"。幸好，随从及时赶到，立刻发箭射入花豹的咽喉，国王觉得小指一痛，花豹就闷不吭声跌在地上，真的死了。

回宫以后，国王越想越不痛快，就找了宰相来饮酒解愁。宰相一边举酒敬国王，一边微笑着说："大王应该庆幸，少了一小块肉总比少了一条命好吧！想开一点，一切都是最好的安排。"

国王一听，闷了半天的不快终于找到宣泄的机会，他训斥宰相，并把宰相关进监狱。

过了一个月，国王养好伤，打算像以前一样找宰相一块儿微服私访，可是想到是自己把他关入监狱里，一时也放不下身段释放宰相，便独自出游了。

走着走着，来到一处偏远的山林，忽然从山上冲下一队脸

敏感情绪管理法
MINGAN QINGXU GUANLIFA

上涂着红黄油彩的蛮人，三两下就把他五花大绑，带回高山上。国王这时才想到今天是满月，这一带有一支原始部落，每逢月圆之日就会下山寻找祭祀满月女神的祭品。他心想这下子完了，有心想跟蛮人说"我是国王，放了我，就赏赐你们金山银海"，可是他的嘴巴被破布塞住，连话都说不出口。

他被带到一口比人还高的大锅前，柴火正熊熊燃烧，吓得他脸色惨白。大祭司现身，当众脱光国王的衣服，露出他细皮嫩肉的龙体，大祭司啧啧称奇，想不到现在还能找到这么完美无瑕的祭品！原来，今天要祭祀的满月女神，是"完美"的象征。所以，祭祀的祭品丑一点、黑一点、矮一点都没有关系，就是不能残缺。在即将推国王下油锅的那一刻，大祭司终于发现国王的左手小指头少了小半截。他忍不住咬牙切齿咒骂了半天，忍痛下令说，"把这个废物赶走，另外再找一个"。脱困的国王大喜若狂，飞奔回宫，立刻叫人释放宰相，并派军队赶走蛮人，随后在御花园设宴，为自己保住一命、也为宰相重获自由而庆祝。

国王边饮酒边说："如果不是被花豹咬了一口，今天连命都没了。"

宰相也慢条斯理地喝下一口酒说："也多亏大王将我下在大狱，我才捡了一条命。否则，陪伴您微服私访的人，不是我还有谁呢？等到蛮人发现国王不适合拿来祭祀满月女神时，被丢进大锅中烹煮的肯定是我。所以我要向您敬酒，感谢您救了我一命。"

第九章
与其过度思考未来，不如努力做好当下

从这个故事里，我们可以发现，这位宰相说的"一切都是最好的安排"实际上就是随遇而安的意思。随遇而安，并不是让人们完全地安于现状，不对未来做任何打算和努力，一味地消极等待。这里的随遇而安，指的是找到生活的平衡，这才是自然的一种境界，是心灵成长的标志，是成功人士的基本素养。

无论遇到什么境况，都让心安定下来

陶渊明诗曰："纵浪大化中，不喜亦不惧。"

世界在变，生活在变，身处两者之中，若终日跟着外界的脚步走，迟早有一天会跟不上它的节奏。应该把目光转回自己的内心，不为外物所动，在心灵深处营造一个平静而稳定的港湾，以心灵的不变应对外界的万变。要保持灵魂的独立和内在的宁静，循着自己的心来行事，而不是人云亦云，人动我亦不安。

当然，要拥有一份这样的心境实属不易，也并非一朝一夕之事，需要不断地积累、不断地修炼，可能要经过沉浮的洗礼，生离死别的考验，还有爱与恨的煎熬。当一切都经历了，一切都走过了，生命变得厚重了，就会沉静到扰不乱，稳健到动不摇，淡定到打不动。内心安然，才是最美好的状态。

敏感情绪管理法
MINGAN QINGXU GUANLIFA

无果禅师为了能够专心修禅，搬到深山隐居，一住就是20年。

这些年来，有一对母女经常来看望他、照料他。可是，20年过去了，无果禅师并没有取得太大的成就，他认为自己无法在这里修行得道，便想到外面寻师访道，解除心中的疑惑。

临行前，母女对他说："禅师，不妨再多留几天吧！路上风寒，容我们为你做一件衣服，再上路也不迟。"禅师觉得盛情难却，只好点头答应。

母女二人回家后，连忙着手剪裁衣服。衣服做好后，她们又包了四锭马蹄银，送给无果禅师作为路上的盘缠。禅师心存感激，接受了母女二人的馈赠，随后收拾行囊，准备第二天一早就出发。到了晚上，禅师坐禅养息，半夜里突然出现了一个童子，后面跟着一群人吹拉弹奏，还扛着一朵很大的莲花。他们来到禅师的面前，诚恳地说："禅师，请您上莲花台。这就是您要去的地方。"

无果禅师很镇定，他心想："我的修行还没有到这种程度，这种情况来得太早了，也太突然了，恐怕不是什么好兆头。"于是，禅师不再理会。

童子一再强调："机会只有这一次，错过了就再也没有了，您可要想清楚啊！"无奈之下，禅师只好随手将一把引磬插在莲花台上，童子和诸人见此情景，高兴地离去了。

第二天早上，禅师正准备动身出发，母女二人过来送行。禅师看到，她们手里拿着一把引磬。母女二人询问："这是禅师遗失的东西吗？昨晚家中母马生了死胎，马夫用刀破开，见此

第九章
与其过度思考未来，不如努力做好当下

引磬，我看像是禅师之物，便给你送了过来。只是不知道，为什么这东西会从马腹中生出来。"

无果禅师听后，十分吃惊，说道："一袭衲衣一张皮，四锭元宝四个蹄。若非老僧定力深，几与汝家作马儿。"他的意思是说，幸好我有一些定力，昨晚禁得住他们的诱惑，没上莲花台。若我上了莲花台，今日你们看到的就不是引磬，而是"我"了——我投胎做了你家的马儿。

说完，无果禅师把马蹄银还给了母女，作别而去。

人生是一场修行。在修行的过程中，人们会遇到各种各样的诱惑，或许是金钱，或许是地位，或许是美丽的风景。有些人心动了，停住了清修的脚步，搁置了修行的计划。可那诱惑是否能真的如人所愿，能否把最初的那一份繁华与美好延续下去，无人可知。很有可能，那只是一张用花环编织的罗网，一旦进去了，就无法自在与逍遥。

在一条老街上，住着一位老人。年轻的时候，老人绣了大量的工艺品，她把刺绣品拿出来卖。东西摆在门前，她从不吆喝，也从不计较出价高低，晚上也不收摊。她的生意没有好坏之说，每天的收入正好够她喝茶和吃饭。她老了，也不再需要多余的东西，她过得很满足。

有一天，老人在门前喝茶，一个文物商看到了她身旁的那把紫砂壶。紫砂壶古朴雅致，紫黑如墨，有清代制壶名家戴振公的风格。文物商走了过去，顺手端起那把壶，他看到壶嘴内

敏感情绪管理法
MINGAN QINGXU GUANLIFA

有一记印章，果然是戴振公。商人惊喜不已，他想以10万元的价格买下它。当他说出这个数字时，老人先是一惊，然后又拒绝了，因为这把壶是她早逝的丈夫留下的唯一的东西。

虽然老人没有把壶卖给商人，但她心里却难以平静。那天晚上，老人平生第一次失眠了。一把普通的壶，突然间成了价值10万元的宝贝，她想不明白。过去，她总是把壶放在身边，躺在摇椅上闭着眼睛养神，可现在她却总是不时地看一眼紫砂壶。更让她感到不舒服的是，周围的人知道她有一把价值不菲的茶壶之后，蜂拥而至，有人向她借钱，有人询问她还有没有其他宝物，更有人半夜敲她的门。

老人的生活被彻底打乱了，她不知道该如何处置这把紫砂壶。就在她感到纠结的时候，商人带着20万元现金再一次登门。老人再也坐不住了，她叫来周围的人，当众摔碎了紫砂壶。

据说，老人现在还经常躺在门前的摇椅上养神，她已经102岁了。

宁静能够沉淀出生活中许多纷杂的浮躁，可以过滤出浅薄粗率等人性的杂质。宁静是一种气质、一种修养、一种境界、一种充满内涵的悠远。老人的安之若素，沉默从容，体现出了她的涵养与理智，更给予了她幸福而绵长的人生。淡泊以明志，宁静以致远。一个人只有不追求名利，生活简单朴素，才能显示出自己的志趣；也只有不追求热闹，心境安宁清静，才能达到远大的目标。

第九章
与其过度思考未来,不如努力做好当下

清净之心就是一粒小小的种子,虽然外表看起来微不足道,但其中却蕴涵着最伟大的力量,凭借这种力量,人能够实现非常大的提升。在紧张忙碌的日子里,拿出许多小小的空闲为自己净心,片刻的净心会带来片刻的安宁,无数个片刻积累起来,人就获得了一份悠然自得的心情,整个身心也能达到和谐的状态。从片刻安宁到身心和谐,这又何尝不是一粒种子长成参天大树的过程?

多为他人着想,心就多一点空间

虽然我们每个人都是独立的个体,但是每个个体之间却存在着偶然或者必然的联系。也就是说,我们的生活总会直接或者间接地影响到别人的生活。只有抱着不怕吃亏、为他人着想的心态,我们才能拥有和他人融洽相处的机会,同时自己也更能够快乐地生活。

一个炎热的下午,一位顾客不小心在下榻的饭店大厅里跌了一跤。炎热的天气本来就使人心烦气躁,现在又当众出丑,顾客不禁怒火高涨,他甚至顾不得去穿上摔掉的一只鞋,光着脚就闯进了饭店经理的办公室,指着经理大声嚷道:"你们的地板太滑了,刚才害我摔了一跤,现在腰痛得要命!你们必须马

敏感情绪管理法
MINGAN QINGXU GUANLIFA

上送我去医院检查。"

经理见状并没有急着分清责任,而是赔着笑脸安抚顾客,并立刻派了车送顾客去医院,还为他体贴地找来了替换的拖鞋。

等顾客离开办公室后,经理才把顾客换下的鞋子交给服务生,并嘱咐说:"客人的鞋底已经磨得太光滑了,你送到外面的修鞋处修理一下。"

顾客在医院检查完毕,身体没有发现任何异常状况。顾客回到饭店后,经理高兴地说:"没问题就好!真是万幸啊!请您回房间休息吧,我派人送些饮料上去让您解解暑。"

此时,顾客已经开始为自己先前的态度和做法感到有些内疚。

"请恕我们冒昧,"经理又拿来已修好的鞋子,对顾客说,"您的鞋子我们已经找人帮您修理了一下。据鞋匠说,鞋底都磨平了,若是穿着它在楼梯上滑倒,那可就太危险了!"

那位顾客面带愧色,接过修好的鞋子,不好意思地说:"其实摔倒了也有我自身的原因,不能只怪你们,刚才给你们添麻烦了,实在抱歉!修鞋的费用我来付,不能让你掏腰包。"

"您太客气了,为顾客服务是我们应该做的。"经理依然笑着说。

从事情发生到现在,经理一直谦恭有礼,没有半点怨言。顾客感动极了,他紧紧握住经理的手说:"请原谅我刚才的无礼和粗鲁,真是对不起!"

在这件事情上,是经理的宽容大度赢得了顾客的信赖。从此以后,那位顾客经常与人谈起这件事,他和他所影响的一批

第九章
与其过度思考未来，不如努力做好当下

人成了这家饭店的常客，老板也与他结为莫逆之交。

凡事为他人着想是一种理解、一种宽容、一种胸怀。一个厚道的人，能够站在对方的角度，设身处地地为其着想。他会用宽容、忍让的方式来看待和处理与他人之间存在的误解和矛盾。因此他更容易感化对方，得到他人的尊敬。

被人们称为"经营之神"的日本松下电器总裁松下幸之助有一次在家里招待客人。当时在座的六个人都点了牛排。等大家都把主餐吃完，松下让助理把烹饪牛排的主厨叫过来。助理发现，松下的牛排只吃了一半。他心里顿时打鼓，心想过一会场面肯定会非常尴尬。

由于知道这拨客人来头很大，主厨听说让自己过来，心里顿时紧张起来。他走到松下面前，紧张地问："是不是牛排有什么问题？"

松下缓缓地说道："烹调牛排，对你已不成问题，但是我只能吃一半。原因不在于你的厨艺，牛排真的很好吃，你是位非常出色的厨师，但我已80岁了，胃口大不如前。所以我要当面和你说清楚，是因为我担心，当你看到只吃了一半的牛排被送回厨房时，心里会难过。"

听完松下的话，主厨和其他就餐者先是面面相觑，随后大家相视而笑，都明白了他的意思，并为之投去感激和敬佩的眼神。

敏感情绪管理法

如果换作我们是那位主厨,对于松下先生这样的对待,是不是也会感到无比荣幸?因为他是如此这般地为自己着想,又是如此这般地尊重自己。如果我们是当场就座的客人,是不是会因为松下的做法,而更加佩服他,从而更喜欢和他做生意?

或许有人说,"人不为己,天诛地灭"。我们要说,这可能是人的本性,但绝非精妙的为人处事原则;而只有尽可能地为对方着想,才是真正成功的为人处事原则。假如每个人都只顾自己,而不在乎他人的想法和感受,那么人和人之间的关系就会逐渐恶化。相反,如果我们都能站在对方的角度,为对方考虑,那么关系就会更加融洽,相互合作起来也就更加愉快。

常言道:"种瓜得瓜,种豆得豆。"如果我们凡事能为他人着想,不怕吃亏,那么就相当于用自己的爱心播种了一朵花的种子。待到花开时节,我们不仅能够看到五彩斑斓的花朵,还能看到充满生机的美丽春天。这不正是之前的付出所换来的"福报"吗?

第九章
与其过度思考未来，不如努力做好当下

原谅自己，逃出"心狱"的监禁

与爱相比，所有的错误，所有的误会，所有的纠结，又算什么。谁的人生不是沟沟坎坎，谁的人生又能够一帆风顺？给自己一个理由，原谅对方的同时，也别忘了原谅自己。生活还在继续，错误后，难过后，要懂得适时原谅自己，这样才会有勇气去闯荡明天，去用心拥抱世界，去用长茧的双手摘下星辰。

从前，在舍卫国里住着一个老人，他和儿子相依为命，日子过得十分艰苦。后来老人受到佛陀教义的启发，就和儿子一起出家，老人当了比丘，他的儿子当了小沙弥，两人成为师徒。

这天，老比丘带着小沙弥一起出去化缘，师徒俩不知不觉越走越远，等他们想到要回去时，天已经快黑了。师父年纪大，走得很慢，徒弟就上前来搀着师父走。

天色越来越黑，当他们来到一片树林中时，天已经黑得伸手不见五指了，只能听见师徒俩行走的脚步声和树叶的沙沙声，还有从远方传来的各种野兽凄厉的叫声。

小沙弥知道树林中常有野兽出没，为了保护师父，就紧紧抱住师父的肩膀，连扶带推地快步向树林边缘走去。

师父年老力衰，又东奔西走了一整天，早就累得走不动了，

敏感情绪管理法
MINGAN QINGXU GUANLIFA

加上看不清楚道路,一个踉跄跌倒在地,头刚好磕在硬石头上,一下子就死去了。

小沙弥看到师父倒在地上,赶忙把他拉起来,可是见他没什么反应,才发觉师父已经死了,不禁大吃一惊,痛哭失声!

天亮以后,小沙弥独自一人回到寺庙。

寺里的比丘们知道事情的经过后,纷纷谴责小沙弥:

"你看!都是你不小心,害死了自己的父亲。"

"就是嘛!竟然把自己的父亲推去撞石头,真是个不孝子!"

小沙弥有口难辩,心中觉得很委屈,就去找佛陀诉苦。

佛陀让小沙弥坐下,说道:"你要说的话我全都知道了,你师父的死不是你的错。"

话虽如此,但小沙弥还是眉头紧皱,无精打采的。

佛陀看了,微笑着继续说:"我讲个故事给你听吧!从前有一个父亲生了重病,儿子很着急,到处求医问药。每天他服侍父亲吃过药后,就扶父亲上床躺下,让父亲睡个好觉。可是他们住的是一间茅草屋,地上又潮湿,引来许多蚊蝇,整天嗡嗡地飞来飞去,打扰父亲睡眠。儿子见父亲在床上睡不着,马上找来苍蝇拍到处追打蚊蝇,但是却怎么也打不完。

儿子又急又气,转身抄起一根大棍子挥舞着,对着空中的蚊蝇拼命追打。恰巧有一只蚊蝇落在父亲的鼻子上,儿子一时没看清楚,慌忙一杖打去,父亲就这样被棍子重重揍了一下,连哼都来不及哼一声,就死去了。"

佛陀停了一会儿说:"孝顺的儿子在无意中伤人性命,只能算是一个意外,不能因此指责儿子是杀人犯,否则可就冤枉

第九章
与其过度思考未来，不如努力做好当下

他了。"

佛陀看到小沙弥听得很认真，似乎有所感悟，就进一步问："你使劲推你的师父，是怕师父遭到野兽的袭击，想赶快离开树林，并不是心存恶念，故意要伤害他的性命，是吗？"小沙弥点头称是。

佛陀说："我讲的故事和你所经历的事有些不同，但道理是一样的。佛法是慈悲的，你安心修行吧！"

小沙弥听了佛陀的话，心中获得了安慰，从此更加勤奋修行了。

世间最可怕的不是错事，而是错心，事情错了，可以改正；心错了，就会继续做错事。只要自己的心没有出错，就没有什么好担心的。

反省的精神固然可贵，但如果对于自己的某个无心的错误过于自责，就是一种执着心的体现，这种自责也容易给人带来强大的心理压力，影响人的正常生活。

当然，若能弥补一个过错，还算幸运的。最折磨人的，莫过于那些已经酿成却没有机会再弥补的错误。这就像一个疙瘩，系在心里一辈子也难解开，或者根本就不想去解，自己煎熬，周围的人也跟着难受。

杨刚是某工地的一名技术能手。其实，刚到项目部的时候，他也曾失望过，也曾抱怨过。然而，最终他却改变了自己的态度，两年来，他在施工一线兢兢业业地工作、无怨无悔地

敏感情绪管理法
MINGAN QINGXU GUANLIFA

付出。虽然，公司升迁的调令已下发了好几次，但都被他婉言谢绝了。

两年前，杨刚刚分到项目部时，可是一个机灵鬼，由当时的技术能手何师傅带领着。师徒俩的性格可谓截然相反，何师傅平日不苟言笑，温文尔雅，然而，两人相处融洽。何师傅性格、脾气、业务技术，在分公司都是有口皆碑的。慢慢地，杨刚发现：师父这个人哪都好，可是就是过于淡泊名利。就凭他的技术和能力，到哪工作，都能成为顶梁柱，可是他却非要把自己置身于工作环境艰苦、与家人聚少离多的分公司。

半年过去，看着昔日一同进来的同事都已得到重用，仍然在原地踏步的杨刚，心里不免有些失落。虽然师父一再劝解，可是他仍难以释怀。一天，喝完酒后，冲动之下，杨刚冲进大雨当中，向路边跑去。就在此时，一辆满载沙石的拉土车从雨雾中飞驰而来，因雨大，视线不好，眼看就要撞上杨刚了。这时尾随而来的师父从后面使劲将杨刚推了一把，自己却来不及闪躲，被拉土车撞上，倒在血泊之中。看到眼前这一幕，杨刚惊呆了。

医生已经下了病危通知书，杨刚再也控制不住自己的感情，抱头痛哭起来。这时，分公司的总经理默默地走到窗前，拿出手机颤抖地拨了一个号码："喂，何总，小何，小何他出事了，请您马上到医院来一趟。"直到此时，杨刚才知道：师父是董事长的独生子，两年前进入分公司，从最底层做起。"我都做了些什么？"杨刚自责地敲打着自己的脑袋。

第九章
与其过度思考未来，不如努力做好当下

三天后，杨刚送走了师父，然而，他却无法回到原来的状态。他认为是自己的冲动，结束了师父的性命，他该拿什么去偿还这一切？杨刚活在自责当中，每天除了拼命工作，就是把自己关在屋里，一遍遍地回忆出事前的情景。如果无法睡觉，他就起来一个人喝闷酒。一个原本精神抖擞的年轻人，渐渐变得憔悴。一次，因为走神，他差点在工地上出事。

得知这一切后，董事长亲自找到他，给他做思想工作。在大家的共同努力下，杨刚找到了人生目标，那就是沿着师父的脚印走下去，完成师父的遗愿，成为分公司不可缺少的技术能手。

一场不可逆转的悲剧已经降临，痛苦、挣扎又有什么意义呢？自责和内疚换不回一个失去的人，只能让郁闷成灾，惹更多无辜的人劳心牵挂。说到底，这究竟是在惩罚自己，还是在伤害别人？

人的一生充满坎坷，稍不留神，就会被自己所营造的"心狱"监禁。在"心狱"里，很多人还在不停地折磨自己，结果造成无法挽回的悲剧。有人认为，"心狱"无法逃离。但事实怎样？既然人的"心理牢笼"是自己营造的，那么人就有冲出"心理牢笼"的本能。这种本能就是精神上的包容，有了这种包容，什么样的"心理牢笼"都可以攻破。

"人非圣贤，孰能无过。"犯了错只表示我们是人，不代表就该承受如下地狱般的折磨。只要生活在这个世界上，就难免犯错，要是对每一个过错都深深地自责，一辈子都背着沉重的

罪恶感生活，你还能奢望自己走多远？我们首先要做的就是正视这种错误的存在，在错误中吸取教训，以确保未来不再发生同样的憾事。接下来就应该绝对地宽恕自己，然后把错误忘了，继续向前进。

在现实生活里，有不少人自觉不自觉地把自己讨厌的事塞满自己的脑袋，把一些不相干的事与自己联系在一起，造成了额外的心理压力。殊不知，对于自己讨厌的、想不通的事，我们可以不去想，否则最后你就会变成压力的囚徒。